AGRADECIMIENTOS

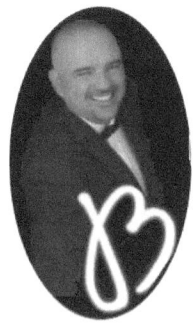

Desde lo más profundo de mi corazón, quiero dar las gracias a todos los que han influido positivamente en mi durante diferentes etapas de mi vida, siendo algunos apoyo y otros inspiración sino ambas cosas, no estando todos mencionados expresamente en el libro, dejándolos para los siguientes libros, si el lector así lo demanda pues tengo infinidad de experiencias que podrían describir muchas situaciones que requieren una buena gestión de las emociones.

A mi amigo y gran artista Javier Palomares, quisiera agradecer tantos momentos vividos sobre un escenario y la vida, y le hago una especial mención pues me he acordado mucho de él y su familia mientras escribía este libro al fallecer su padre recientemente.

A SeVen7 por animarme cuando más lo necesitaba y ayudarme con sus consejos sinceros y generosidad en la finalización de este libro y para relanzar mi carrera artística.

A mis amigos por seguir ahí y a mis enemigos por enseñarme tanto.

A mi familia por su amor incondicional y paciencia.

Y... a ti querido lector, sin ti tampoco hubiera sido posible lograrlo.

Ubuntu.

VIAJE POR LAS EMOCIONES

ÍNDICE

Capitulo 1. **Mi descubrimiento**

El día que descubrí el poder de la música sobre nuestras vidas, estaba en México, recién llegado desde España con mi familia. Yo era un chaval (un chamaco en mexicano), tendría unos 13 años y estábamos invitados en una fiesta en casa de nuestra familia que con tanto cariño nos recibió, de lo que estaré siempre profundamente agradecido, ya que a esa edad es traumático marcharse a vivir a otro país dejando atrás amigos, familia y todo lo que consideras natural pues no has conocido otra cosa en tu corta vida, sin plantearte siquiera que hay muchas formas de vivir diferentes realidades como si se tratara de viajar a otro universo lleno de diferencias, como otra cultura, gentes, comidas, olores, y otras sensaciones. Pero bendito el día que decidió mi familia quemar las naves emulando a antiguos aventureros, con miedo a lo desconocido, pero abiertos a todo lo nuevo que nos esperaba. Digo bendito el día porque como persona sin duda esta aventura me enriqueció de muchas maneras y define de alguna manera lo que soy como ser humano.

Recuerdo perfectamente el día porque estábamos en una fiesta invitados con nuestra familia y nuevos amigos. Parecía una ocasión mas para disfrutar con mis queridos primos Juan Carlos y Tania, luisito y Suriñe, los morita y mis hermanos

Bea y Luis(la bola de chamacos de la que tengo muchos bonitos recuerdos), Los mayores estaban absortos en sus propias conversaciones y risas y los niños estábamos jugando a nuestras cosas totalmente enfocados en nuestra diversión pasándolo como decían allí padrísimo, pero llegó un momento en el que para mí cambiaría por completo mi concepción sobre el mundo.

De repente se escuchó un sonido de trompeta que llamó la atención a todo el mundo y cuál corneta que da la orden a un ejército para que estén atentos a la siguiente instrucción, ahí estábamos todos, atentos a lo que iba a pasar. Entraba un mariachi irrumpiendo en medio de la fiesta, todos vestidos a una con sus trajes de gala, con porte Gallardo, sus chaquetillas y las botonaduras de plata brillando, tocando sus instrumentos, trompetas, guitarrón, vihuelas y violines y cantando el son de la negra.

Para mi fue impactante descubrir que la música es capaz de hacer que la gente que está en un mismo sitio de manera caótica sin orden alguno ni protocolo, de repente se enfoquen en algo común tras la llamada de atención y poder así recibir un mensaje, que en este caso era la celebración del día de Independencia de México, el 16 de septiembre.

Con los años llegue a darme cuenta de un detalle que define a México como pueblo y es que a pesar de estar celebrando el día de la independencia de España y siendo yo español, jamás me sentí fuera de lugar en ocasiones como esta. Aunque estoy orgulloso de mis raíces, nunca me sentí como si fuera una representación del conquistador, ni nadie me hizo sentir como tal, mas bien me atrevo a confesar que me he sentido toda mi vida conquistado, pero en el buen sentido. Yo se que nací en Madrid España pero ya no se si soy mexicano o español o ambas cosas pues aquellos años sin duda moldearon lo que soy y seré siempre y de lo que no deseo ninguna separación o independencia .

Como decía al principio, a partir de ese día empezó mi relación de amor por la musica de manera consciente y fue madurando y profundizando hasta hoy.

A quién no haya vivido esto se lo recomiendo, yo mismo he sido uno de esos músicos que entraba en la fiesta tocando y cantando y ayudando a todos, por unos momentos, a dejar de pensar en el pasado o en el futuro, en sus problemas o sus proyectos, solo disfrutar del presente, la mejor terapia de grupo que conozco. Esta es la mejor manera que he visto de luchar contra el estrés y la fatiga mental o emocional que tan a menudo nos trae colgando de un ala. En este libro me gustaría ayudar al lector a descubrir como la música es un regalo maravillosos mucho mas útil de lo que imaginamos para ayudarnos a gestionar las emociones y por ende a lidiar con las situaciones que nos superan en la vida, para mantener nuestro equilibrio mental, emocional y espiritual, pero antes permite que te cuente algo de mis orígenes en la música para entender muchas cosas que explico mas adelante.

Capítulo 2. **Mis comienzos**

Fue mi padre quien me regaló con 8 años mi primera guitarra (si no cuenta la de juguete que tengo en fotos haciendo que toco con sombrero mexicano, ¿Casualidad?). Era una buena guitarra, marca Ramírez de las de antes, que todavía conservo (gracias a mi buen amigo Yurek, un gran Luthier Polaco), con muchísimo cariño pues tenemos muchos recuerdos ella y yo de los que te contaré algunas anécdotas.

Una de las ocasiones que necesité repararla, fue por una pelea con mi hermano. Se enfadó conmigo, pero no recordamos ni el ni yo cuál fue el motivo, lo mas seguro fue mi culpa pues yo era un chincha y el muy pacífico. Cuando hablamos de esto, nos da la risa, pero el resultado fue que me rompió la guitarra no se si en la cabeza o el brazo porque me cubrí, pero apenas quedo alguna cicatriz, afortunadamente solo en la guitarra y una lección muy importante, no irritar a mi hermano Luis Alberto. Este fue el único altercado que tuvimos el y yo en nuestras vidas. Cualquiera repite ¿verdad?

Con esa guitarra empezó mi andadura en el mundo de la música, mis primeras clases, las horas a solas en mi cuarto tratando de aprender canciones y letras sin saber si algún día llegaría a hacerlo bien o mal y sin ser consciente del arma espiritual y emocional que tenia entre las manos (hablando positivamente porque como ya he contado, su parte negativa ya la había probado) .

Me llevo tiempo llegar a sacar de ella notas y acordes que tuvieran sentido pero mi empeño empezó a dar sus frutos, sin llegar a sentirme realmente un guitarrista, pues he tenido el gran honor de tocar con grandes músicos,que generosamente han estado dispuestos a enseñarme algunos de sus trucos y la mas importante de todas a ser modesto y reconocer mis habilidades y limitaciones, siendo sin duda mi gran fuerte la de cantar.

Pronto comencé a tocar y cantar algunos temas sencillos permitiendo a mi cerebro que fuera conectando los circuitos que trabajarían juntos, para poder realizar de manera cada vez mas natural la ejecución de las canciones, lo que implicaba aprender las letras y cantarlas de manera sincronizada en el tiempo que marcaba mi mano derecha, la que me daba el ritmo y con la melodía que encajaba con los acordes que tocaba con mi mano izquierda y todo esto a la vez. En todos mis años he coincidido con muchos músicos, incapaces de tocar a un gran nivel y cantar a la vez una canción integrando todas estas capacidades en un mismo momento y controlando la voz para no desafinar.

Afortunadamente si conocí a otros que han sido referencia inspiradora para mi y además maestros, con la capacidad de hacer todo esto y llegar aun mas allá, llegar a emocionar a la gente con sus canciones, algunas propias, y otras haciéndolas suyas de una manera magistral. Llegado a este punto, quiero hacer una especial mención a un amigo de la familia y gran compositor y artista, con una de las voces mas increíbles que he escuchado, Ricardo Padilla, que conocí desde muy joven e influyó mucho en mi como artista, quizás sin el ser consciente de ello, pues fue la primera persona que me dio consejos de canto después de escucharme y me recomendó un libro maravilloso que me ayudó en los años posteriores a mejorar la técnica de canto y conocer mejor mis capacidades como cantante. Teniendo tamaña referencia yo quería hacer lo mismo, yo quería emocionar a la gente buscando el aplauso solo como confirmación de que iba por buen camino, que era capaz de llegar a conectar con el público. Cada vez más, era consciente del efecto que tenia en mi la música y en los que me escuchaban, era como tener un súper poder pero que conllevaba una gran responsabilidad (esto me hace gracia porque suena a spiderman aunque es totalmente cierto)

En esta etapa fui progresando con cierta vergüenza al no saber si gustaba a los demás lo que tocaba y como lo cantaba y es justo el tiempo en que necesitas el apoyo de quien te rodea. Así que empiezas a experimentar primero con la familia mas íntima y amigos cercanos.

Sobre esto, tengo también otro recuerdo hermoso con mis primos que como ya dije anteriormente, siempre estábamos de fiesta, o al menos es lo que me parecía, por lo que no tuve tiempo de meditar ni de pensar en el cambio tan grande que había hecho en mi vida, dejando atrás amigos y familia para emprender una aventura en la que era todo totalmente nuevo.

Yo estaba encantado y no tendré nunca palabras para poder agradecer todo lo que hicieron por nosotros de forma desinteresada.

Recuerdo que durante una época, estuvimos viendo como un ritual familiar durante varias veces, una película que se llamaba el fantasma del paraíso. Era una película musical con algunas canciones muy bonitas que le gustaban mucho a mis primos y primas mayores y nosotros los mas pequeños las hicimos nuestras, hasta un día decidimos hacer una presentación cantando nosotros directamente. No teníamos los playbacks pero cantábamos encima de las voces originales y cada uno hacíamos el rol de algún personaje de la película. Por supuesto invitamos a toda la familia para que nos vieran, como solemos hacer todos los niños, queremos que los mayores nos miren y den su aprobación. Este es un momento estupendo para reforzar la autoestima en los mas jóvenes por lo que recomiendo siempre dejar a los peques que se expresen libremente y darles toda la atención. No hay nada mas importante para ellos en ese momento y hay muchos caso en que en ese momento nace mas de un artista.

Al terminar la función mi querida prima Cristiane, a la que llamaba cariñosamente toda la familia **baby** y que encaja muy bien con su forma de ser pues es la persona mas dulce y tierna que conozco y con un don de gentes increíble, tras cantar con nosotros la canción que he puesto al final del libro como enlace de este capítulo para poder escucharla, me dirigió unas palabras cortas con una sonrisa entre sorpresa y agrado que tuvieron un efecto profundo en mi y que aun recuerdo como si fuera ayer, y han pasado más de 40 años, me dijo "primo, tienes una voz muy bonita". Digamos que esta fue la chispa que encendió la llama, justo lo que necesitaba para querer seguir creciendo artísticamente pues ella realmente tenía y tiene una voz preciosa, suave, arrulladora y a la vez emocionante, nunca indiferente. Hemos cantado juntos y no me canso de hacerlo y me alegro mucho de haber podido confesarle directamente lo que ella ni sospechaba, que es una de las personas mas importantes de mi carrera y mi vida.

Durante muchas etapas de mi vida como artista, he recibido el ánimo y el cariño que he necesitado en momentos muy especiales. Uno de los que atesoro con mucho cariño es un audio que me mandó mi tío Luis cuando escuchó por primera vez un tema que grabé como un proyecto de bolero son fusionado con flamenco con un gran guitarrista (Fabio) que podrás escuchar en mi página, tanto sus palabras como la canción. Ambos resuenan en mi cabeza cada vez que escucho o canto ese tema.

También tengo muy gratos recuerdos como integrante del Trío Siboney durante 5 años actuando en escenarios de España y más países. Podrás ver imágenes y escuchar algún tema de esta etapa de la que he podido recuperar poca cosa, pero me acompañará para siempre.

Capítulo 3. **La forja del artista**

Años después, seguí practicando con mi guitarra y me dedicaba a cantar en algunos bares o en privado temas de magníficos compositores como Alberto Cortez, Camilo Sesto, Armando Manzanero, José Alfredo Jiménez y muchos más, continuando con mi proceso de averiguar que canciones y forma de interpretar tenían mejor efecto en los demás, con gente de diferentes antecedentes y edades. Aunque no lo hacia conscientemente, estaba realizando un aprendizaje que me serviría para muchas cosas el resto de mi vida, no solo para cantar, trabajar la inteligencia emocional, lo que realmente nos hace humanos y nos acerca unos a otros y nos hace realmente felices. Sobre este tema recomiendo un libro que explica muy bien como funciona el hemisferio derecho de nuestro cerebro al que debemos hacer mas caso y entender que la felicidad es una decisión y explicado desde la ciencia pues lo escribe una neurocientífica. Te recomiendo lo que no hace ningún escritor, que dejes este libro al final de este capítulo y te pongas a leer el libro de la doctora Jill Taylor " Un ataque de lucidez" . Es un libro corto pero te va a ayudar a entender muchas cosas que comento en los siguientes capítulos. Como digo en la introducción, no pretendo que este libro sea un tratado científico, ni sustituir la terapia profesional ante los problemas emocionales o mentales, mas bien pretendo que mi experiencia sirva a muchos a curar sus heridas emocionales y en definitiva a ser mas felices.

El proceso de aprendizaje siguió avanzando en la universidad de México UNAM donde teníamos muchas horas libres entre clases, pues los profesores eran de libre elección y después del primer año teníamos que elaborar nuestra propia agenda de clases. Era precisamente entre esas horas que socializábamos con diferentes compañeros y normalmente nos sentábamos en alguna zona de césped a comer algo y repasar clases y como no, siempre había alguien con una guitarra que nos pasábamos entre los que tocábamos y cantando en grupo surgían amistades y conquistas. Sabias perfectamente cuando gustabas para amistades que aun duran, como mi amigo Rogelio Guzmán, y cuando alguna hermosa chamaca se interesaba por algo mas que una amistad. ¡Qué maravillosos años y que poder me otorgaba una simple guitarra y mi voz!

Todo el mundo sabía cantar algo, compartíamos canciones nuevas o nos enseñamos unos a otros lo que sabíamos en la guitarra, era una experiencia muy interesante cada día, porque era constantemente aprender y hacer más amigos, aprender desde un mini escenario aunque este no fuera mas que un banco de cemento o madera donde se veía la reacción de los demás con una simple mirada. Cuando cantas una canción y observas con atención sabes cual no tiene éxito, cual es parte de la comunidad porque todos las conocían observando la reacción social, o cuando escuchan algo desconocido o no muy conocido veías la reacción emocional. Fue realmente una etapa muy importante para el aprendizaje para ver cómo conocer a tu público y cómo conectar con ellos y hacerlo crecer porque a veces en ese grupito de personas había amigos de tus amigos, compañeros de otras facultades que no conocías pero que en ese momento como tenías ese pequeño escenario, te hacia más visible y popular, aunque nunca busque la fama, nunca me ha interesado.

Pues de estas formas es como fui aprendiendo poco a poco, sin llevar un programa estructurado , fue de forma natural donde no hubo un momento especial, mas bien muchos, aunque si algunos de ellos en los que empecé a ser consciente del poder de la música en nuestras vidas y para conocer más acerca de las personas y como funciona nuestra mente emocional.

En el próximo capitulo explicare algunas nociones de esto que te servirán para entender mejor algunos detalles del libro, por si decides leer mas adelante a Jill Taylor.

Capítulo 4. **La gran responsabilidad ante nosotros**

Como te recomendaba en el capitulo anterior, la lectura sobre la experiencia de la doctora Jill Taylor cuando sufrió un derrame cerebral, es muy revelador para entender como funciona nuestro cerebro y las conclusiones a las que llega, sin ser una hipótesis sino la constatación de lo que vivió y pudo comprobar no deja dudas sobre lo que explica.

Hago un breve resumen por si no has leído el libro, ya que creo que es importante para entender mejor lo que cuento en los siguientes capítulos y puedas pensar y comprobar las cosas que planteo con respecto al poder de la música para sanar nuestras heridas emocionales y aprender el camino para ser más felices y hacer felices a los que nos rodean.

La doctora Jill, sufrió un derrame cerebral en su hemisferio izquierdo y narra como fue perdiendo algunas habilidades que corresponden exclusivamente a ese hemisferio y también pudo comprobar como se potenciaban otras que correspondían al hemisferio derecho.

Una de las cosas que plantea y cito textualmente es que **"cuanto más claro tengamos que lado de nuestro cerebro procesa determinados tipos de información , más capacidad tendremos de decidir como pensamos, sentimos y nos comportamos, no solo como individuos sino como miembro de la familia humana."**

"mi mente derecha está abierta a nuevas posibilidades y piensa sin encasillamientos ....es creativa. Mi mente derecha celebra la libertad en el universo y no se atasca en mi pasado ni tiene miedo de lo que traerá el futuro y no solo se preocupa por mi cuerpo, se preocupa por el de todos nosotros, por nuestra salud mental como sociedad y por nuestra relación con la madre tierra. "

Ya solo en estas frases se llega a intuir como puede enriquecer nuestra vida y la de los demás, cuando desarrollamos nuestra creatividad y la compartimos con otros y que gran herramienta es para liberarse de los procesos mentales que nos limitan o condicionan mediante los que se nos ha querido programar desde niños en esta sociedad empeñada en hacernos creer que valemos por lo que tenemos y no por lo que somos.

Ya dije al principio que no pretendo con mi libro mas que incitar a la reflexión basado en mi experiencia sobre lo beneficioso de la musica, y el arte en general, en nuestras vidas para curarnos mental y emocionalmente, sin que parezca que lo recomiendo como sustitución de cualquier terapia profesional, si acaso, como complemento para ayudar a acelerar el proceso.

Ahora viene una cita de la doctora que me repito muchas veces a mi mismo y que ha venido a confirmar lo que he podido observar en mi vida de manera empírica, y por fin está demostrado de manera científica.

" La manera más sana que conozco de pasar eficazmente a través de una emoción, es rendirme por completo a dicha emoción cuando su bucle de fisiología se apodera de mi. Simplemente me rindo y dejo que el bucle siga su curso durante 90 segundos. Como los niños, las emociones se curan cuando las escuchamos y les damos validez, Con el tiempo la intensidad y frecuencia de estos circuitos suelen disminuir."

Dar validez a una emoción, implica aceptarla. Seguramente habrás escuchado los diferentes estados cuando se pasa por un proceso de duelo,. Uno de ellos es la aceptación y profundizaremos en esto en uno de los capítulos donde cuento como me ayudó a mi y a mi familia la musica tras fallecer mi padre, y veremos en otros capítulos de manera práctica, cómo rendirse a las emociones sin quedarse ahí permanentemente es la mejor forma de curarse.

Otra frase que me encanta es la siguiente: **" Nada exterior a mi puede arrebatarme mi paz de corazón y mente. Aquello dependía por completo de mi. Puede que no tenga un control total de lo que ocurre en mi vida, pero desde luego soy yo quien decido como quiero percibir mi experiencia."**

Todo esto me ha hecho reflexionar durante estos años en el gran poder y la gran responsabilidad que tiene un artista con respecto a si mismo y a la influencia que ejerce en la vida de los demás.

Quién no recuerda algún tema que le evoca a cierta época de su vida, transportándonos como si fuera en una maquina del tiempo y disparando un torrente de información que aparece en nuestro cerebro para traerlo al presente y aunque somos conscientes de que fue en el pasado lo recordamos como si fuera ayer, imágenes, olores, sonidos, emociones y me gustaría preguntarte, ¿No te parece eso un milagro?. Pues bien, esto es parte de nuestra persona, es lo que nos define, nuestras vivencias mas atesoradas y a la vez mas ocultas, y son precisamente estas vivencias, las que nos dan la capacidad de decidir como nos va a afectar lo que nos pasa aquí y ahora y como afrontar el futuro.

De esta reflexión he extraído una lección que he aprendido en todos estos años y que es muy positiva y que he convertido en una decisión que me guía desde que la tomé y es tratar de ayudar a ser mejores personas tanto a mi como a los que me rodean, así, cuando estoy cantando, por ejemplo, me pregunto constantemente, ¿quiero solo entretener, busco la admiración o el aplauso o mas bien quiero dejar una huella positiva e influir positivamente contribuyendo a la felicidad propia y de quien me escucha?

Si eres artista me gustaría dirigirte estas palabras para que reflexiones conmigo. Si solo queremos entretener o ser famosos y quedarnos en la superficie de todo esto amigo mío estamos usando mal el poder de la música, estamos desaprovechando un poder que no nos pertenece que no nos merecemos porque los humanos somos seres sociales y de una forma u otra influimos en los demás. Hay artistas que solo buscan el aplauso, las atenciones y hasta la adoración de otros, pero el resultado de todo eso es un final espantoso cuando desaparece todo lo externo, dejando un vacío inmenso que antes solo llenaba el ruido de la fama. En definitiva, si amas la música y el arte, conéctalo todo lo posible con tu hemisferio derecho, tu centro de la creatividad, tu paz interior, tu generosidad y tu conexión con el universo, tu presente y huye de tu lado izquierdo, el ego, tus miedos y todo lo que te define como algo individual, separado de los demás, eres un personaje público y te debes a ellos cuidando de ti mismo y tu felicidad, inspirando a otros con tu ejemplo. Todo lo mejor que des de ti mismo, volverá a ti.

Si por otro lado eres una persona que disfruta, que ama la música y el arte aunque no seas artista, también tienes una responsabilidad contigo mismo y con los demás. Nadie es inmune a ser influido por otros, pero si puedes elegir qué clase de influencia permitirás en tu vida y que clase de influencia quieres ser en otros. Pregúntate, ¿estoy ayudando a otros a fijarse en valores y principios que sean buenos para mí para, mi familia y para mis amigos?

Por lo tanto, si tú eres capaz de inspirar a otros es muy importante que pienses en el poder que tienes en tus manos y úsalo bien.

Tristemente observamos que la economía llamada naranja, la industria del entretenimiento, explota esta capacidad de influir pero para sus propios interese, se trata de aprovechar ese poder para llegar a las masas programando sus cerebros inculcando el miedo y fomentando ideas políticas y sociales que les permitan mantener el control de las mentes y en definitiva las vidas de la gran mayoría. Qué manera mezquina y malvada de actuar.

Pero el arte amigo mío es otra cosa, el arte es generosidad, el arte es responsabilidad, el arte es sensibilidad, el arte es una conexión muy estrecha con Dios, con la naturaleza, con la humanidad. El arte es una de las mayores fuerzas que tenemos para cambiarlo todo. Es precisamente el arte lo que nos da el poder de ayudar a otros, a trascender a través de los diferentes estados de emociones, con las que conectamos nuestra personalidad colectiva y el universo.

Las necesidades emocionales de las personas según las etapas de su vida son totalmente diferentes pero fíjate que todas esas vivencias se pueden traer de nuevo a tu mente mediante los sentidos, uno o varios, y volver a sentirte como un niño o un tontorrón enamoradizo, un padre recién estrenado y tantas personas a la vez. La música es un maravilloso vehículo para conseguir esto a tu antojo.

Llegado a este punto te propongo un viaje por las emociones en el que te relataré algunas de mis experiencias que quiero que te sirvan como guía para que tu hagas algo parecido y experimentar lo que te planteo en este libro.

A medida que exploramos diferentes emociones, te animo a pensar en la banda sonora de ese momento en tu vida que te pueda transportar a esa emoción que estamos considerando en cada capítulo, (A veces es mas de una pues muchas van ligadas). y después de cada capítulo haz el ejercicio de escuchar esa música en el momento que consideres mas adecuado y te animo a que me mandes un mensaje a mi página contándome que tal la experiencia y si quieres compartirla con otros me gustaría incluir una sección en la próxima edición de este libro con una recopilación de las mejores incluida la banda sonora. ¿ Te apetece la idea? Vamos allá.

Revisa la música que tienes en tu casa y apunta en una lista que recuerdos te traen algunos de los temas, pero no los escuches aun. Busca por internet música de tu niñez, adolescencia, juventud, madurez, en definitiva de las diferentes etapas de tu vida y veras que ejercicio mas interesante. Dedícate este tiempo, y prepara el ambiente. Silencia a tu hemisferio izquierdo, esa voz que te habla de todo lo que tienes pendiente por hacer, lo que va a pasar mañana, las preocupaciones, etc. Sencillamente ordénala que se calle y deja a tu cerebro derecho volar. Te vas a sorprender.

Esto funciona individualmente muy bien, pero si tienes una vivencia común con alguien más, también funcionaría de una forma sorprendente. Esto ya es nivel avanzado, pero cuando tengas mas práctica veras que es increíble como puedes conectar con otra persona como si fuerais una sola. Te pongo un ejemplo, imagina el día que fuiste consciente de que te habías enamorado de tu pareja, teníais una canción en común, una mesa de restaurante, el olor que salia de la cocina , un perfume, intenta recordar ese momento e induce eso mismo en tu pareja, créeme, tenemos esa capacidad, nuestra mente puede llevarnos hasta allí y la experiencia puede ser increíble.

Te he puesto un ejemplo en el ámbito de la pareja, pero esto puede hacerse con cualquier persona que compartas una vivencia y te apetezca volverla a traer a tu presente otra vez junto con esa persona, un amigo/a, un padre, madre, hijo, etc.

A partir de aquí comienza la segunda parte de este libro, que espero vaya creciendo más y más con otras experiencias, algunas de las que cuento quizás las pueda completar con el resto de testigos, lo que sospecho que me sorprenderá con detalles que quizás yo no recuerde por tener mi atención puesta en otras cosas lo que configuró mi propia realidad, pero sin duda, tener otra visión, enriquecerá mi recuerdo.

El siguiente capítulo contaré precisamente el día que supe que no habría otra mujer en mi vida mas que la que hoy es mi esposa. Debo aclarar que hay otras mujeres en mi vida muy importantes para mi, como mi madre, mi hija, mis primas y mis amigas, pero como es lógico en un plano distinto de las relaciones humanas. Aquí empieza nuestro viaje por las emociones.

Capítulo 5. **El Amor romántico**

Cada historia de amor es única e irrepetible. Cuantas canciones y libros se han escrito, guiones de películas, teatro o cuantas obras de arte están dedicadas a este tema. Debo confesar que no hay solo un recuerdo o canción que me transporte a esos momentos tan bonitos en que sientes que no puedes prestar atención a nada ni nadie mas que a esa persona que es tu media mitad. También he de reconocer que no todo el mundo mantiene esa relación que creía especial durante toda su vida y esto aunque sería lo ideal, no es para sentirse mal pues en muchas ocasiones, lo que parecía maravilloso al principio se convierte en una relación tortuosa, imposible de reconducir, lo que conduce a una montaña rusa de emociones contradictorias, que también se pueden llevar de manera mas equilibrada hasta superarlas con ayuda de la música. También puedo contarte que he conocido a gente que tras una relación fallida han tenido nuevamente la oportunidad de sentir de nuevo esa cascada de emociones, aunque de una manera mas madura y consciente que ha permitido encontrar otra vez la felicidad en este área de las relaciones humanas. Ya sea a la primera o en otros intentos, la capacidad humana para sentir amor romántico es una fuerza que mueve el universo. Tampoco quiero dar a entender que quien lo logra a la primera es mejor que quien necesita varios intentos o no lo encuentra, también conozco gente muy querida que esta muy a gusto y en paz consigo misma y con una inteligencia emocional muy equilibrada. Solo pretendo compartir mi experiencia unida al poder de la música aplicada a mi mismo y también a otras personas a quien habré ayudado a pasear por estas emociones durante mis actuaciones y serenatas a lo largo de mi vida, que seguro que habrán sido tantas que ya ni me acuerdo.

Sería estupendo poder ver como cuentan los lectores las suyas y si he tenido algo que ver directamente ponerlas mas adelante en un anexo de este libro. ¿Te gustaría? Quizás, eso de incluso para otro libro hecho entre todos.

El día que realmente sientes que llegaste a enamorarte, no tiene que coincidir con el que sentiste que llegaste a conquistar a tu tu pareja o te conquistó por algo que hiciste, dijiste, un gesto o una secuencia de ellos. Aquí es donde hay una infinidad de historias dignas de guardar con cuidado y traer al presente todas las veces que quieras.

Seguramente te ha pasado mas de una vez que estas absorto en tu vida cotidiana con toda tu atención en lo que debes hacer en el día, te has planteado unos objetivos y para ello es necesario concertante en una serie de tareas secuenciales para lograr hacer lo que te has propuesto. El hemisferio izquierdo de tu cerebro está a pleno rendimiento, esa vocecita interior te dice, preguntado y contestando ella misma cosas como, tengo que ir a tal sitio, pero quizás sea mejor en coche porque tengo que ir a mas sitios y vuelvo cargado. ¿Cual será el mejor camino para evitar un atasco? Ah sí, voy a ir por este camino, voy a estacionar en tal zona que suele haber sitio libre, etc...Visualizas lo que vas a hacer enfocándote en el futuro que imaginas basándote en lo que sabes del pasado. Mientras te desplazas vas escuchando la radio, las noticias y tu mente sigue analizando cosas, lo mal que está el mundo, hasta que te hartas y decides poner una emisora de musica y de repente escuchas esa canción que automáticamente trae a tu presente un recuerdo muy claro del pasado y te empiezas a recrear en los detalles, te hace sentir muy bien y por un momento pierdes la noción del tiempo y hasta olvidas qué estabas haciendo o a donde ibas, tu hemisferio derecho esta a pleno rendimiento y de repente vuelve otra vez la vocecita a regañarte, eehhhh, eehhh, que te pasas el desvío, acuérdate a donde vamos, céntrate que si te pasas damos una vuelta enorme y perdemos mucho tiempo, no te distraigas. Os presento al hemisferio izquierdo, cuyas funciones explica mucho mejor que yo la doctora Jill lógicamente, ella es científica y yo solo practicante. Esta parte de ti tiene muchas funciones muy útiles, no quiero presentarlo como el malo de la película pero si ayudar a reflexionar sobre el equilibrio en las funciones de ambos hemisferios.

Lo que plantea la doctora en su libro es que nosotros tenemos la llave para dejar a cada parte de nuestro cerebro actuar cuando les demos permiso, podemos mandar callar a esa voz cuando queramos para dejar paso a nuestro otro yo capaz de enfocarse en el presente y saborear las cosas sencillas con pausa, explorar las razones que tenemos para estar agradecidos por muchas cosas que el ruido de la vocecita no nos deja disfrutar. No quiero decir con esto que tengamos que callarla siempre, solo que debemos ser conscientes de que nosotros somos moderadores de lo que pasa en nuestro cerebro, por ejemplo, si me dejara llevar por las emociones que surgen cuando recuerdo lo que voy a contar a continuación, no podría activar las funciones que me permiten escribir estas lineas y leerlas además de pensar en el sentido de lo que quiero transmitir.

El secreto está en dar paso a cada función cuando toca, lo que cada persona hace esto constantemente pero sin ser consciente de que puede tomar el control a su antojo de cada función, dejándose dominar por las reacciones del cerebro en función de los estímulos externos que no se pueden controlar.

Dicho esto te voy a contar con ayuda de una canción que he grabado recientemente un primer momento en que experimenté algo muy especial por mi esposa Loli que me hizo sentir muy feliz y lo sigue haciendo cada vez que recuerdo ese momento y otros posteriores que se han ido sumando.

Antes ponía el ejemplo del conductor que escucha un tema en la radio que induce ese salto cuántico que trae el pasado al presente de forma tan realista que sorprende, y de manera incontrolada, por sorpresa provocando una reacción fisiológica que invade todo el cuerpo, al menos mientras no le interrumpa la voz aguafiestas que no se va a esperar que la den paso, simplemente irrumpe, lo que nos puede hasta salvar la vida. Pues lo que propongo es hacer esto de manera consciente, controlando el entorno, buscando un sitio y un momento libre de interrupciones, advirtiendo a esa voz de ello. No olvidemos tampoco a la otra voz artificial que tenemos ahora en el bolsillo llamada teléfono móvil o celular, que si no teníamos bastante con la nuestra solo faltaba que tuviera ayuda.

Todo lo que ayude a lograr un ambiente donde se pare el tiempo, luz tenue, quizás con velas, un aroma quizás de incienso que nos guste, un sofá cómodo, una bañera con agua caliente, etc. El objetivo es preparar previamente un ambiente que le de a tu mente el mensaje claro de que no quieres interrupciones.

El tema que a mi me transporta cada vez que lo escucho es, **the way you look tonight** una canción compuesta por Dorothy Fields y Jerome Kern en 1936 para la película *Swing Time*, y ganadora de un oscar a la mejor canción, donde era interpretada por Fred Astaire. Posteriormente fue grabada por Tony Bennett en 1958, y por Frank Sinatra en 1964 y muchos otros grandes artistas siendo la mas reciente de Michael Bublé en 2003, si no contamos la mía claro.

Como podráis observar es una canción atemporal porque habla de algo muy común para el ser humano acompañada de una melodía inmejorable para este genero de música. La letra, en inglés, relata la reflexión que hace el interprete sobre su amada al verla como luce en ese momento, lo que hace que no tenga ojos para nada más, que se pare el tiempo y se desenfoque todo lo que hay alrededor como si se volviera borroso y decide hacer un vídeo mental con ese momento para el recuerdo incluido la música, olores etc y lo mas importante, la sensación que invade sus cuerpo en ese momento, es tan agradable que decide inmortalizarlo para siempre y usarlo a su antojo para volver a sentirse así de bien cada vez que lo vuelva a traer al presente, no importa lo que este viviendo en ese momento, si bueno o malo.

Dejo un enlace para escucharlo y ver la letra subtitulada al final de este capítulo.

Pues bien, cuando escucho este tema, no puedo evitar cantarlo aunque sea otra versión. El primer recuerdo que me invade es cuando aun no eramos ni novios mi esposa y yo, apenas nos estábamos conociendo, aunque yo ya tenia muy claro que no había ojos para nadie mas. Sus señales eran contradictorias, como si dudara sobre lo que sentía por mi. Pero esa noche aunque no estaba muy seguro de que ella sintiera lo mismo, la saqué a bailar en el momento perfecto, aunque estábamos rodeados de queridos amigos y familia, ocurrió nuestro momento especial, ella vestía de rojo pero discreta como siempre debido a su timidez y todo alrededor se quedo parado, congelado, como si no existiera nada ni nadie, solo ella y yo. Cuando puse mi mano derecha en su espalda a la altura de su cintura, me invadió una sensación de bien estar que me encanta recordar. Era una emoción que recorrió todo mi cuerpo, la cual me confirmó que estaba justo donde quería estar y quedarme para siempre. El temblor de sus piernas al principio me confirmó que estaba nerviosa, no era un baile más, sino el baile, quizás conozcas esa conoce esta sensación. Con un gesto cariñoso, sin palabras logre que se calmaran los nervios para pasar a la certeza del momento. Estábamos conectados definitivamente y para siempre. No hablamos prácticamente nada más esa noche, había mucha gente alrededor deseosos de que nos hiciéramos novios, pero yo sentía que debían dejarnos disfrutar de cada etapa, saborear cada momento y así fue. Yo esa noche no dormí, pensando en como provocar otro momento igual pero esta vez a solas para poder compartir sin sonrisas alrededor o intromisiones lo que me hacia sentir y por fin decirle si quería ser mi novia. Desde aquel día tengo muchos momentos grabados que se suman como los avances de una película y siguen aumentando. Y cuando estoy pasando por un mal momento busco la paz y coloco las cosas en su sitio recordando alguno o varios de estos momentos y recordando a mi mente y mi cuerpo que la felicidad es una decisión. Es como mi morfina para el dolor, siempre funciona.

Déjame contarte un secreto. Lógicamente mi esposa aun no ha leído este libro ni ha visto el vídeo que he preparado con sus fotos y la canción que he grabado. Lo reservo para el estreno del libro y espero que ella nos cuente la parte que falta del relato y hagamos también el ejercicio juntos esta vez, para contar como ha ido, si nos dejan nuestros hijos algún ratito de intimidad.

Seguramente tengas alguna experiencia similar que vuelve por medio de una canción u otro estímulo exterior y como ya dije, me gustaría que la compartieras conmigo ya sea sobre emociones como la euforia, amor, agradecimiento, tristeza, melancolía o una mezcla de ellas, de las que hablaremos en los siguientes capítulos. Quizás con tu ayuda se podrían documentar en mi web experiencias casi hasta el infinito y escribir una recopilación de las experiencias mas destacadas de las que serías protagonista citado en un próximo libro. ¿ Te gusta la idea?

Dejo al final del libro donde poder recibir tus comentarios, me encantaría conocer más experiencias que sirvan a más gente.

Con respecto al amor, las experiencias no siempre son positivas, o al menos eso parece en el momento, pero sin duda implican un aprendizaje que también nos enriquece. Te animo a explorar todos esos recuerdos. El amor tímido de la adolescencia, los desengaños, reconciliaciones, celos, el nuevo amor, la segunda oportunidad y la lista es tan larga como la vida misma. Algunas emociones que nos hacen daño hay que procesarlas para que no lo hagan más y otras directamente nos hacen mucho bien por lo que hay que practicar para usarlas cuando queramos o las necesitemos.

De estas emociones mal llamadas negativas hablaremos en los próximos capítulos y sobre todo como usarlas apropiadamente y evitar que nos hagan daño indefinidamente y sin control.

Como has visto en la portada, por haber adquirido este libro estas invitado o invitada a asistir a uno de mis conciertos online de manera gratuita, donde podremos también comentar alguna experiencia, alguna parte del libro, podrás pedirme algún tema del repertorio si te comunicas con tiempo y confirmas la asistencia o pedirme que lo dedique a alguien especial para ti.

Estaré encantado en que nos conozcamos personalmente aunque sea por internet o en alguno de mis conciertos. Por la fecha de lanzamiento del libro imaginaras que lo he escrito durante el confinamiento a causa del Covid19, así que imaginaras las ganas que tengo de volver a conectar con mi público, pero de momento tendremos que conformarnos por esto. Si hubiera cambios lo publicaré en mi web tan pronto como tenga fechas para eventos donde seguiremos viajando por las emociones.

Capítulo 6. **La seducción**

¿Quien no ha sufrido el mal de amores o ha tenido a alguien cercano sufriéndolo? Parece que la vida se va a acabar, no se puede poner atención en otra cosa, parece que todo lo que ocurre alrededor, por maravilloso que sea, no tiene valor, nada importa. Esto responde a la necesidad natural de ser aceptado y amado, pero de una forma inmadura, cuando se está formando el carácter de la persona secreta. En esta etapa es muy importante saber controlar las emociones y equilibrar las mal llamadas negativas con las opuestas. En realidad no debe dominar una emoción sobre otras sino trabajar juntas de forma equilibrada. Pongo un ejemplo, el dolor, aunque parezca algo que debería desaparecer, en realidad es una alarma que nos puede salvar la vida en muchas ocasiones. Si no sintiéramos dolor no recibiríamos un aviso de nuestro cerebro y una respuesta fisiológica que nos haría retirar la mano rápidamente de un objeto que nos está quemando, cortando o dañando de alguna manera. Este proceso nos hace poner toda nuestra atención justo donde lo necesitamos y cuando lo necesitamos. ¿Es malo entonces el dolor? Claro que no, pero tampoco una persona sana se regodearía en el o lo buscaría para sentir placer ni tampoco se complacería con el dolor de otros, ¿No es cierto? Pues si esto es cierto con respecto al dolor físico, el emocional funciona igual. Otras emociones que aparentemente son negativas, si son bien entendidas son útiles, por eso están ahí. Dicho esto con respecto al mal de amores, tengo un consejo por el que debo comenzar si tienes un amor no correspondido y has intentado todo lo posible por conquistar el corazón de esa persona de una manera sana. Si con las cosas que te cuento no eres capaz de tocar el corazón de esa persona, no lo dudes ni un minuto, es alguien tóxico para ti, no es la persona que estás buscando, aléjate porque te va a hacer mucho daño, cuanto más tardes en comprender esto más daño te hará. Tu decides y tienes esa capacidad, no lo dudes. Esto vale también no solo para cuando estas conociendo a alguien sino que también es valido para las relaciones incluso de años donde tu pareja te trata de una forma que anula tu voluntad, esto es maltrato mental y muchas veces llega al maltrato físico. Como el dolor físico te avisa, debes aprender a reconocer esto y reaccionar rápidamente.

Dicho esto, si crees que no eres suficientemente guapo a guapa para conquistar el corazón de otra persona, tengo buenas noticias para ti. Todo es posible y con la musica tienes el perfecto aliado. Solo debes fijarte en las cualidades de la persona en cuestión. Por supuesto que la atracción física es importante, pero hay mucha gente guapa que está realmente vacía por dentro y hasta con rasgos de psicopatía. Lo realmente importante es que a ti te guste a primera vista lo que ves, pero mas importante aun es lo observas en su forma de ser. Haz más caso a tu hemisferio derecho, mas atento a lo que te dice de la persona que a los rasgos mas detallados. Cuantas veces te ha parecido una persona atractiva a primera vista y sin embargo al conocerla mejor, no te lo parece tanto.

Si después de ver a la persona interior sigues interesado o interesada pero te parece que no te corresponde puedo decirte por experiencia y no solo la mía, que no está todo perdido, de hecho viene lo mas interesante. En muchas ocasiones las relaciones mas duraderas no proceden de un flechazo inicial como nos quieren convencer en las películas, sino mas bien de darse cuenta en algún momento al ir conociendo a la otra persona que es justo la persona perfecta para ti.

Te cuento mi experiencia y no es la única pues he visto como se repite en muchas ocasiones y espero que otros nos cuenten sus experiencias para que sea en primera persona.

Debo confesar que yo nunca he sido una persona con un aspecto de actor de cine guapo y todo eso, quizás me ayudo mucho a no ser un auténtico idiota pensando en que las mujeres tienen que estar a mis pies. Me ha hecho vivir con los pies en el suelo y tener la oportunidad de mostrarme tal como soy.

La que ahora es mi esposa era una joven preciosa, la primera vez que la vi, me dije a mí mismo, "esta chica es mía" como dice una canción de Sergio Dalma. Cuanto más la miraba más me atraía, pero en aquel tiempo nuestra diferencia de edad, hacia que no estuviera en su orbita, o en su círculo, al menos al principio. Pronto empezamos a coincidir con mas gente y cuanto más la conocía, más me gustaba ella y su personalidad, pero como comentaba, había una diferencia de edad de 7 años, así que ella aun estaba en la etapa de los príncipes azules.

Sin forzar nada ni querer correr, me propuse hacer crecer en ella, primero la curiosidad por conocerme tal como soy, con la esperanza de que fuera lo que la enamorara de mi. Fue como hacer crecer una hermosa planta desde la semilla, hasta brotar y seguir cuidándola hasta verla florecer. Esta es una de las etapas mas bonitas de la vida y siempre he observado como muchas parejas se saltan muchos pasos de este proceso sin disfrutar de los pequeños detalles, lo que indica que algo anda mal en la sociedad actual.

En esa época yo tenía mis presentaciones como solista y colaboraciones con otros artistas de los que aun conservo una bonita amistad. Así que ella y sus hermanas, juntos con un grupo de amigos que hasta hoy forman parte como de la familia, venían a verme y poco a poco los temas que yo cantaba empezaron a ser parte de su vida. Creo que esas canciones de Camilo Sesto, Nino bravo y otros, les traen a todos recuerdos de aquella época, siendo yo protagonista en algunos casos y actor secundario en otros, pero al fin y al cabo estoy presente en esos recuerdos.

Pues bien, sus señales eran contradictorias, a veces mostraba un interés claro por mi y otras parecía rechazo, como en la obra de teatro " El perro del hortelano " , que recomiendo sin ninguna duda, para entender estos lances amorosos que te transportan y te elevan a la euforia para sumirte en la tristeza al siguiente momento o hacerte arder de celos.

Fue precisamente una noche en el festival internacional de teatro de Almagro, viendo esta obra maravillosa, donde comprendí con claridad como era el juego y sus reglas.

Tan pronto como pude comprobar que ella tenia dudas, supe cual era el siguiente paso, que me haría saber con certeza si lo que yo sentía era realmente correspondido, si la rosa que había plantado y cuidado iba a florecer o secarse por falta de raíz. En el mismo momento que dije, me marcho, aprovechando que surgieron unos proyectos lejos de Castilla la Mancha donde vivía entonces, ya empecé a notar indicios de que había respuesta. La respuesta era espontánea por lo que podía confiar en que era sincera, al menos de su yo presente y no de la vocecita que suele razonar de una manera calculada o preocupada de la opinión de otros u otras circunstancias.

Fue lo mejor que nos pudo pasar y que ocurre en muchas relaciones, cuando ella descubrió como la afectaba mi ausencia y la posibilidad de perderme, es cuándo empezó a darse cuenta de que la conexión entre los dos era mas fuerte de lo que parecía, me echaba de menos y yo a ella, pero tuvieron que pasar unos meses con llamadas cortas y algunos mensajes cada vez mas claros e intensos mientras que la música que le recordaba a nosotros iba haciendo su poderoso trabajo como mi mejor aliada. Esto lo se por su confesión tiempo después, que hablaba mucho con su madre llorando y escuchando aquellas canciones lamentándose pues pensaba que me había perdido. Yo no supe esto hasta que ya fuimos novios. No quería que ella pasara por eso pero quizás esa clase de sentimientos, como la melancolía y la tristeza, si no son permanentes, estén ahí para hacer mas grande la felicidad cuando llega.

Vuelvo a citar una frase de la doctora Jill que viene a cuento con respecto a estos sentimientos **"La manera mas Sana que conozco de pasar eficazmente a través de una emoción, es rendirse por completo a dicha emoción cuando su bucle de fisiología se apodera de mi. Simplemente me rindo y dejo que el bucle siga su curso durante 90 segundos. Como los niños, las emociones se curan cuando las escuchamos y les damos validez. Con el tiempo la intensidad y frecuencia de estos circuitos suelen disminuir"**. La música ayudo a sumirse en ese estado y comprender por qué se sentía así. Felizmente todo cambió para bien.

He visto a mucha gente curar todo tipo de penas, cantando sus canciones favoritas que hablan de el estado por el que están pasando, con la ayuda de un amigo a amiga capaz de entenderlo y acompañar cantando y llorando también si hace falta. En la plaza Garibaldi de la ciudad de México se ve constantemente con los mariachis a gente pidiendo canciones según su estado de ánimo, para llorar por tristeza, o despecho, o de rabia y celos y a dos pasos se ve a otra gente celebrando algún acontecimiento o simplemente divirtiéndose y soltando el Estrés. Viva la música y viva México señores.

En este capítulo quería llegar a mostrar el poder de la música para seducir, no necesaria mente en sentido romántico, que también, porque lo que realmente conquistó a mi esposa no era mi apariencia física sino lo que fuimos haciendo crecer entre nosotros, diciéndonos entre canciones, conectando de la mejor forma que tiene el ser humano mediante nuestro hemisferio derecho. Menos pensar y mas sentir. No he contado que compuse un bolero para ella, solo lo ha escuchado ella, nunca lo llegué a grabar ni lo haré mientras no me lo pida ella pues es un tema nuestro. Ahí dejo una idea, conquistadores….Ahora me ve hasta guapo.

Como prometí al final de este capítulo dejo un enlace para escuchar un tema que dediqué a mi esposa con muchísimo cariño " How deep is your love" de Bee Gees que habla de la etapa en que uno necesita saber si su amor es correspondido y refleja exactamente como me sentía en aquella época y aun me transporta cada vez que lo escucho. Está en inglés pero hay traducción al español subtitulada en el vídeo.

Capítulo 7. **Recuperación cognitiva**

En este capítulo quería contar cómo ayudo la música a mi padre a retrasar su proceso de deterioro cognitivo debido a los efectos del Alzheimer.

Poco tiempo después de volver de México a España tras el gran terremoto de 1985, mi padre se tuvo que enfrentar a la traumática tarea de volver a empezar, por segunda vez. Pero esta vez ya tenía la edad que tengo yo ahora, 53 años, por eso, entiendo muchas cosas que entonces ni siquiera pasaban por mi cabeza. Como os decía tras el terremoto, mi padre tras considerar muchas cosas, tuvo que tomar una decisión que implicaba cambios importantes para toda la familia. Volver a España, significaba volver a empezar de nuevo para todos. Yo no estaba de acuerdo, porque para mí ya estaba mi vida en marcha, estaba estudiando en la universidad, tenía mis grandes amigos Eduardo Giaccardi y Rogelio Guzman, mis queridísimos primos y primas que eran mi nueva familia, mis proyectos de futuro, en definitiva mi vida, pero que podía hacer, sino apoyar la decisión. La familia volvió a España donde todo era otra vez nuevo.

No es un reproche lo que cuento, tan solo deseo exponer la situación familiar y emocional, en otras palabras, como me afectó este cambio pues desde entonces, yo tengo el sentimiento interior de que siempre algo me falta, porque cuando estoy en España echo de menos México y todo lo que eso significa para mí, no el país en sí, sino la gente y algunas costumbres, una parte de mi vida que allí se quedó y si yo volviera a México se que echaría de menos también muchas cosas de España porque también aquí está mi vida. Para bien o para mal, tengo una vida dividida y como no nos podemos teletransportar, al menos puedo traer a mi mente cada vez que quiero, esos momentos que tengo grabados. Es como si estuviera viviendo allí ahora mismo en el presente, y adivina que dispara esos recuerdos, la música. pero de esto hablaré en el último capítulo para terminar con una fiesta, mexicana por supuesto.

Debo decir también, que desde mi perspectiva actual, soy capaz de comprender mejor lo que significó especialmente para mi padre tomar la decisión de volver a empezar desde cero. Solo un hombre valiente y generoso, capaz de sacrificarlo todo por el bien de su familia podría hacer algo así y me imagino que habrá estado aterrado de miedo en ocasiones, pero jamas dijo nada.

Con estos antecedentes podrás imaginar cual fue la causa de sufrir un derrame cerebral por un aneurisma en su hemisferio izquierdo, lo que muy probablemente fue consecuencia del abuso de alcohol y el consumo de tabaco. En unos años pasó de ser un empresario exitoso, un hombre respetado y rodeado de amigos, de algunos de los cuales, según me confesó, recibió las puñaladas que mas dolieron. Con los años he tenido la suerte de ver desde lejos quien se acerca por interés sincero, sin más pretensión que ser tu amigo y quien se arrima por interés egoísta, no necesariamente por dinero. Las personas tóxicas, como el veneno, te matan poco a poco, como le ocurrió a mi padre. Ya dije en un capitulo anterior, que de gente así hay que huir, como se huye de una serpiente mortífera.

Hay que saber con quien si, con quien no y con quien nunca.

Una vez puestos en antecedentes para conocer las causas emocionales para enfermar que generalmente van unidas a otras físicas, digamos diferentes tipos de toxinas, quiero contar mi experiencia personal con respecto a los efectos beneficiosos de la música para sanar o paliar enfermedades graves incluso en sus extremos. Mi experiencia más cercana fue con mi padre, aunque esto lo he visto en muchas otras personas. Para mi, contar esto es difícil, sin tener que parar momentáneamente con los ojos encharcados, para reponerme nuevamente y poder ver las palabras que escribo, pero es un ejercicio que me sienta bien pues he aprendido a dejar que fluyan las emociones pero bajo control y dosificando en medidas soportables dolor y alivio, rabia y paz, odio y amor. Hace un año, confieso que habría sido incapaz de escribir este libro en su totalidad. Una buena motivación para escribir este libro ha sido el deseo de que mi experiencia pueda servir a otros, como los enfermos de Alzheimer y sus familias con respecto al deterioro cognitivo pues es muy duro ver a un ser querido morir dos veces, la primera mentalmente cuando ya no reconoce a su esposa o hijos y la segunda físicamente. También deseo que pueda ayudar a usar bien las emociones para decidir ser felices.

Como decía antes, mi padre sufrió un accidente cerebro vascular, un aneurisma que derivó en un derrame cerebral en el hemisferio izquierdo y desde entonces empezó a tener un comportamiento distinto al habitual. Yo sentí que mi padre ya no era el mismo, algo había cambiado, algo en su interior en su mente hacía que fuera diferente, no teníamos la misma conexión y es precisamente una de las cosas que ha provocado que escribiera este libro, para transmitir a otros no solo el poder de la música para curar heridas profundas en el alma y ayudarnos a ser felices, sino también algunas cosas que he podido entender con el tiempo sobre los rasgos de esta patología y sus causas. Hoy, siendo padre y con la misma edad que tenia él cuando ocurrió todo este fatídico episodio de nuestras vidas y con experiencias similares, puedo comprender mucho mejor muchas cosas que podrían pasar por su mente, pensamientos y emociones, al afrontar problemas económicos, decepciones, traiciones, estafas y los pensamientos y emociones asociados como incertidumbre, miedos, ira, tristeza, depresión, desánimo, pero aun así se sobreponía a todo eso y reanudaba proyectos sacando fuerzas para seguir luchando, reuniendo el coraje para enfrentarse a lo que viniera. Cometía errores, siendo los más serios pagando con su familia a veces un estado de ánimo que no le beneficiaba, pero cuando lo hablaba con él o mi madre se lo reprochaba, decía que no se acordaba. Yo sinceramente pensaba que no quería acordarse o que directamente estaba mintiendo, pero con los años se fue revelando lo que realmente estaba ocurriendo. En cuestión de pocos años comenzó a tener unos ruidos en su cerebro insoportables porque era todo el día y decía que tenía un circuito que estaba mal. (trabajó muchos años con circuitos electrónicos y me parecía que estaba intentando explicar lo que notaba en su interior). Comenzó a confundir a las personas cercanas, despertar por la noche y desorientado orinar contra la pared del pasillo creyendo estar en el baño. Comenzó a tener problemas con cosas tan sencillas como tragar, como si hubiera olvidado como se hacía, quizás esa era la razón de tantas visitas al hospital con neumonías, hasta que finalmente fue ingresado en una unidad de un hospital de larga estancia.

El año y medio largo que permaneció en el Hospital Virgen de la Poveda de Villa del Prado Madrid, fue como una extensión del tiempo que podríamos disfrutar de él, pues no solo se freno el deterioro cognitivo sino que recuperó algunas de las funciones que fallaban y mejoró su memoria, incluso tenía un comportamiento mas tranquilo y amable incluso me atrevería a decir que reflexivo. Estamos muy agradecidos al hospital, al equipo médico y en especial a su médico el doctor Saavedra por su gran trabajo profesional y humano.

Para mostrar un buen ejemplo del poder de la música en el tratamiento a personas con deterioro cognitivo, es decir, una persona a la que muchas de sus millones de neuronas han muerto y además dejan inconexas, muchas otras dejando borrados grandes cantidades de registros, aprendizajes, recuerdos, habilidades, todo dependiendo de la zona afectada y algunos otros de estos registros, dejándolos atrapados al no tener conexiones por las que salir y ser procesados, de ahí la importancia de comenzar cuanto antes el entrenamiento que propone la doctora Jill Taylor, para crear esas conexiones necesarias y no perder esa información atrapada. En definitiva explica que hay cosas que se pueden aprender de nuevo con entrenamiento y hay cosas que están en alguna parte almacenadas que hay que reconectar pues si no, se acaba perdiendo.

Desconozco los detalles del tratamiento que supervisó el doctor Saavedra y el equipo médico pero mi padre ingreso en muy mal estado, no reconocía a las personas o tardaba en hacerlo, decía cosas incoherentes, tenía un comportamiento agresivo en algunas ocasiones, además de otros trastornos de tipo físico. Una de las cosas que contribuyeron a la mejoría fue que el hospital y el equipo médico consideró no solo las necesidades físicas de mi padre como paciente, sino el entorno y la situación social y familiar pues esto ayudó a la estabilidad mental y la recuperación hasta que pudo estar en otra institución cercana donde pudo estar acompañado por mi madre hasta el final de sus días. Si se hubieran ceñido a los datos clínicos nada mas, habría estado con continuas idas y venidas al hospital, lo que desorienta y afecta muchísimo y negativamente a este tipo de pacientes. El hospital tuvo una sensibilidad inusual para el sistema sanitario de España y sería maravilloso que esto ocurriera en todos los casos.

Cada vez que lo visitábamos se nos agolpaban sentimientos contradictorios viendo en lo que se había convertido su vida, separado de su familia por no poder recibir los cuidados que realmente necesitaba, Los días se reducían a la rutina de las comidas, las cenas, visitas médicas, el trato con el personal sanitario y observar cuando no había interrupciones en el jardín los animalitos, los patitos, las tortugas etc. Lo que le sacaba de esa rutina eran las visitas continuas de mi madre y familiares y especialmente cuando podíamos organizar la visita de sus únicos nietos. Me decía en todas las ocasiones que los veía, que estaba muy orgulloso de ellos y se le ponía una cara de ternura viendo a su nieto mayor Jose, como un hombrecito muy responsable. Siempre aprovechaba un momento a solas para decirme, "hijo te felicito porque está muy bien educado" a lo que yo le respondía, "papá no es mérito mío".

También tengo muy grabado en mi recuerdo, la ternura que le producía su nieta Lara. En una ocasión con 3 añitos espontáneamente le cogió una flor y se la dio diciendo con su vocecita llena de amor, "abuelito esto es para ti", a lo que él contesto, "la voy a guardar, muchas gracias chata". En las siguientes visitas, ahí tenía esa flor guardada como si fuera un tesoro.

Recordando esto se me hace un nudo en la garganta y se me humedecen los ojos no lo puedo evitar, porque aún le echo de menos.

Anteriormente comenté que con la música tenemos el poder de teletransportarnos y que es un ejercicio muy interesante y beneficioso además de ser viajes muy baratos. Pues en una de esas vistas, pedí permiso para poder cantar en la sala de visitas con mi guitarra algunos temas de los que le gustaban a mi padre pues le recordaban a México. Como fue muy positivo se repitió en mas ocasiones desde entonces, pero contaré la primera porque ilustra muy bien como beneficia a los enfermos, especialmente a los que sufren deterioro cognitivo.

Había una zona grande con muchos sillones que se usaban para las visitas que venían a ver a los enfermos, así en vez de verlos en su habitación, existía ese entorno más acogedor, lo que era de agradecer. También había una cafetería para comer con los familiares y así pasar el día juntos y algunas salas mas pequeñas por si alguna familia deseaba un entorno mas íntimo. Los mini conciertos se produjeron en varios de estos lugares, alguna vez con el personal y familias de otros como espectadores que se unían a nosotros a disfrutar de la música.

Pues como decía al principio, en la ocasión que quiero relatar, sentados en los sofás, cantamos todos los temas mexicanos que a él le gustaban y entre uno de ellos, se me ocurrió cantar una canción del maestro Agustín Lara, gran compositor y músico mexicano al que debemos tantos temas increíbles como Granada, Solamente una vez, Piensa en mi, etc. La canción era María Bonita.

Para quien no la conozca, la letra comienza diciendo…."Acuérdate de Acapulco….." a lo que mi padre contesto con una sonrisa complacido, " Claro que me acuerdo, vaya que si me acuerdo" y aunque era una canción de amor o sea una expresión de lo que sentía Agustín Lara por una mujer a quien dedicó la composición, vi como mi padre se abstrajo de lo que es la canción, estaba escuchando la música sí, pero realmente, no estaba pendiente de la letra, sino que estaba explorando dentro de su mente y extrayendo del cajón donde estaban guardados esos maravilloso recuerdos de Acapulco. Esto nos permitió hablar sobre esos recuerdos. Observar esta reacción y los resultados me ayudó a comprender lo que más tarde me confirmó la Doctora Jill, que podemos realmente tomar la decisión de ser felices, tenemos ahí todo lo que necesitamos para decidir ser felices, llamando al momento presente esos recuerdos junto con las emociones que les acompañan y dejar a nuestro cuerpo inundarse por ellos. Una vez mas el vehículo que hizo posible este proceso fue la música con su maravilloso poder.

Supongo que esto ayudó mucho en su recuperación, porque al menos pudimos tener a mi padre unos años más.

No en una, sino en varias ocasiones, su doctor, la directora del equipo médico y otros profesionales que estaban alrededor me dijeron, "no te haces una idea de el bien que le haces a tu padre con esto". Sería estupendo que se tomara esto en cuenta como parte del tratamiento en todos los pacientes de un hospital y especialmente con estas patologías.

Ahí tienes un ejemplo del poder de la música, con respecto a los problemas de deterioro cognitivo y también para poder aprender a hacer nuevas conexiones neuronales y recuperar recuerdos y emociones.

Durante años he colaborado encantado ayudando a personas enfermas en residencias de ancianos en las que curiosamente había personas que no recordaban el nombre de su hija y sin embargo recordaban toda la letra de una canción que habían aprendido en su juventud . Esto nos confirma cómo funciona nuestro cerebro y también como podemos ayudar a lograr un momento en que se abstraen de su realidad y en ese presente que estábamos creando, asistir al milagro de la mente humana fabricando felicidad.

Al final de este libro pongo la grabación de una interpretación mía de esta canción para que te hagas una idea de cómo la escucho mi padre, mi voz con solo con guitarra .

Capítulo 8. **Tu eliges morir o vivir cada día.**

En el capítulo anterior ya comenté como los problemas, las inquietudes de la vida y el estrés fueron la principal causa de que a modo de escape, para aliviar la carga, fuera poco a poco mi padre adquiriendo el hábito de consumir alcohol cada vez mas y con más frecuencia. Yo nunca le vi borracho, pero si bebía grandes cantidades de alcohol y eso posiblemente es lo que provocó que su salud fuera empeorando y modificando su personalidad cuando estaba bajo su efecto, hasta que en una de tantas discusiones acaloradas, (yo asistí a muchas y creeme, eso no es bueno para nadie ni se tiene mas razón por decir las cosas mas alto), subiendo su presión sanguínea, hasta que una arteria en su hemisferio izquierdo sufrió un aneurisma que reventó provocando un derrame cerebral. Fue a partir de aquí cuando yo noté que ya no era la misma persona, es verdad que físicamente le reconocía como mi padre, ahí estaba, pero algo había cambiado. Yo tenia una sensación extraña, como si no hubiera ya la misma conexión entre él y yo. Pasaba el tiempo y yo seguía sin sentirme cómodo a su lado y en mi interior me preguntaba por qué estaba pasando esto, por qué no volvía aunque fuera algunos ratos. Antes solo duraba esa situación mientras estuviera afectado bajo los efectos del alcohol y no siempre, pero ahora era como si hubiera quedado atrapado. Debo confesar que aun siendo ya un hombre con 21 años, cada vez que sonaba la llave en la puerta, sabiendo que venía del bar, sentía dolor de estómago temiendo que vendría de mal humor y con ganas de discutir por cualquier cosa menos por la verdadera razón que era la de su estado. Supongo que el resto de la familia se sentía igual, pero quien lo enfrentaba muchas de las veces era yo, con respeto y tratando de evitar ese trago a mi madre, hasta el día que con los ojos inyectados en sangre y lleno de ira, le levanto la mano a mi madre haciendo el gesto de golpearla. En ese momento sentí que algo se rompía en mi interior, dos visiones que considerar casi de manera automática, mi padre en su estado y mi madre enfrente sin tono desafiante pero sin temor, al menos eso parecía, pero sin tener tiempo siquiera de pensar que hacer y como si algo ajeno a mi me empujara, me encontré en medio de los dos y rogando en mi interior por favor que retrocediera, lo único que salio de mi boca mirándole fijamente fue, " no me obligues….". Recuerdo perfectamente el alivio que sentí cuando bajó la mano sin mediar palabra y se marchó. Nunca volvimos a hablar del tema y jamas volvió a pasar algo así y no se si fue el orgullo, la vergüenza o ambas cosas pero jamás se disculpó por eso y decidió marcharse varios años. Volvió a México donde familia y amigos le ayudaron mucho, por lo que estoy muy agradecido pues con cariño pero con franqueza le hicieron ver que tenía un problema y que su esposa y sus hijos le echaban de menos. Finalmente regresó a casa tras 3 años de ausencia, sin que volviéramos a hablar de lo pasado o pidiera mi madre una disculpa, ya habían expresado todo por carta, aunque no fue fácil especialmente para ella, pues en muchas ocasiones la vi llorar a solas sin para no preocuparnos a mi hermano y a mi (en esta época vivíamos solo mi hermano Luis y yo con ella además de mi querida abuela Pepa por temporadas alternativas con mis tios para cuidarla pues estaba en silla de ruedas, por culpa de una enfermedad también cardiovascular.

Un médico nos dijo en una ocasión que eramos una familia alcohólica, lo cual me impactó, pero tenía razón, aunque un solo miembro tenga la adicción, toda la familia sufre los efectos.

Para mi no es fácil contar esto, como podrás imaginar, pero me gustaría que sirviera de reflexión a las familias que sufren algo parecido. En la mayoría de los casos hay muchas señales que indican que algo anda mal, antes de que empeoren las cosas, pero por ignorancia no somos capaces de verlas. Con el tiempo entendí que la carga emocional y las preocupaciones, fueron demasiado para mi padre, esta vez le superó, la diferencia fue que la primera vez, cuando decidió la familia emigrar a México , encontró el cariño y el apoyo en muchos sentidos de la familia y buenos amigos, se sentía valorado y respetado y con un entorno alegre, la filosofía de vida de México (el me vale madres, que repetía a menudo), la música, los vecinos, las anécdotas diarias, etc. No le dejaban centrarse en los problemas, dándole un respiro y recordándole que la vida es lo que nos ocurre mientras tratamos de realizar nuestros planes.

Recuerdo con mucho cariño, siendo muy joven, que le acompañaba mucho en el trabajo o a visitar clientes y hablábamos mucho y me contaba como se sentía alagado sin presumir pero alagado al fin y al cabo, de que le invitaran a dar alguna conferencia en la universidad a hablar de lo que mas sabía, sobre mecánica de fluidos, sin ser ingeniero, aunque le llamaban Ingeniero Briceño (siempre decía que no era ingeniero hasta que se cansó de decirlo). Me contaba lo bien que se estaba portando mi primo mayor Eckhart dándole apoyo como socio en la empresa y la entera familia montes, con el apoyo moral y respaldo económico de la abuelita de todos nosotros (así la sentía yo) Doña Eugenia Lance, una gran mujer a la que mi padre tenia mucho cariño y respeto además de estar muy agradecido, que nos ayudó económicamente como si fuera su obligación aunque no eramos familia directa pero nos acogió como tal. Nunca tendré palabras suficientes para agradecer todo esto y mas cosas que recibimos de nuestra familia. Creo que haría falta un libro entero para relatar recuerdos y emociones de esa época de mi vida y que ilustraría lo que es México y su gente, al menos desde mi óptica y experiencia.

Con los años, analizando la emigración a México y la vuelta a España, en ambas ocasiones, los problemas eran los mismos, volver a empezar de cero, nueva situación laboral, económica y social, etc pero lo que marcó la diferencia fue la forma de afrontar los problemas, el sentirse valorado, apoyado, contar con amigos y familia que te escuchan y dispuestos a ayudar, tener un respiro mental y emocional, en definitiva, vivir...como dicen en México, echar relajo.

Digo todo esto con la esperanza de ayudar a reconocer los problemas que pueden surgir en situaciones similares en una familia o individualmente antes de que se agraven.

No importa la adicción, suele ser un método equivocado para escapar de la carga mental o emocional al no poder gestionarlos correctamente.

Cualquier miembro de la familia y amigos puede detectar esto y ayudar mas de lo que se imaginan, sabiendo entender por lo que está pasando la persona que está sobrecargada, incluso uno mismo, si es capaz de reconocer esto y conocerse a si mismo como explica la neurocientífica que he citado desde el principio, es posible ordenar a tu vocecita que se calle, que no siga hablandote de los problemas que tienes que enfrentar mañana, para darse un descanso y dejar paso a tu yo del presente, ese que es capaz de olvidarse por un tiempo de todo y concentrarse en algo tan sencillo como una agradable charla con alguien querido, quizás dando un paseo, tomando algo, parando a escuchar el grupo de música callejero del paseo marítimo o en los portales, sintiendo la brisa del mar, oliendo a café.

Estoy describiendo una escena, a modo de ejemplo, que le encantaba a mi padre de Veracuz, donde vivió mi padre durante un tiempo al abrigo de su hermano Luis y la familia. Recuerdo a mi tio como un bohemio que estaba siempre con la música a cuestas y un sentido del humor excepcional. Tristemente falleció unos meses después que mi padre, pero estaré siempre agradecido a la familia por cuidar de mi padre en una época que realmente lo necesitaba, volviendo a disfrutar de las cosas sencillas que describo, del cariño de mi prima pequeña Talía, a la que él quería mucho, la música en los bares y las calles, los tacos al pastor, y tantas cosas que a mi tambien me encantan, realmente poderosas para sanarnos metal, emocional y espiritualmente. Todo esto en su estado, seguramente le dió un respiro y las fuerzas para rectificar algunas cosas en su vida y volver a casa.

Otro análisis del pasado hace evidente el fracaso del sistema sanitario pues los médicos se ciñen a diagnosticar en función de los síntomas y de ahí como mucho, prescriben algunas pruebas hasta dar con el problema fisiológico, pero la situación social, familiar, mental, emocional, en definitiva el entorno y las circunstancias no se toman en cuenta. Los médicos no supieron tratarle para prevenir su patología y tampoco para que se recuperará de las secuelas ocasionadas por el derrame. Mientras no se consideren las circunstancias, el entorno y no se trate a la persona completa en vez de enfocarse en la patología, no se podrá mejorar la salud de los pacientes.

A pesar de su fuerte carácter (amigos y empleados me decían, "oye tu papá parece que habla como encabronado") porque hablaba fuerte y defendía con pasión sus opiniones, a veces era contundente, pero también era muy amable, afable, amigo de sus amigos y muy generoso entre otras muchas cualidades que tenía. Mi padre tuvo conmigo una relación muy estrecha porque yo desde muy jovencito (desde los 14 años aproximadamente) pasaba muchas horas con él. Le acompañaba en el coche cuando tenía que visitar a algún cliente y teníamos nuestras charlas, escuchábamos música, siempre estaba llevando el ritmo golpeando el volante y a veces hasta tocando el claxon al ritmo de la canción cuando la música era alegre. Escuchábamos muchos boleros y también recuerdo que antes de irnos para México nos fuimos a unas tiendas en el centro de Madrid y compró un barbaridad de cintas de cassette como si nos fuéramos a otro planeta y no hubiera música allá. Cassettes de Camilo Sesto, Pablo Abraira, Joan Baptista Humet, Alberto Cortez y muchos más. Decenas y decenas de cintas de cassette para llevarnos allí a México. Era evidente que la musica era importante en su vida y cuando llegamos a México descubrimos que había una cultura y una riqueza impresionante musicalmente hablando. La música nunca sobra esa es la verdad.

Para finalizar este capítulo te propongo, para que este libro se enriquezca, que si conociste a mi padre José Briceño Domarco, si puedes aportar alguna anécdota, me la mandes al email que verás al final del libro junto con otras formas de contacto conmigo. Yo creo que sería una forma de honrarle y quizás haya material para un libro que sea mucho más rico de lo que yo estoy contando porque yo estoy contando solo mi visión. Aunque trabajamos juntos muchos años, discutíamos, hablábamos, reíamos, era una relación muy estrecha. Imagina que no solo vivíamos en familia sino que encima trabajabamos juntos. A medida que iba aprendiendo el oficio, iba aprendiendo de él y la forma de tratar a la gente, la forma de ser un profesional y ganarse la confianza y el respeto de los clientes, los empresarios, grandes empresarios, constructores, etc. Para mí fue una gran escuela, de lo cual estoy muy orgulloso y reconozco que esto no lo habría aprendido yo en ninguna universidad. Ese trato tan estrecho con mi padre me facultó para saber que algo no iba bien, algo le estaba haciendo cambiar, pero curiosamente fue después de leer este libro que he recomendado de la doctora Jill Taylor, que comprendí lo que estaba pasando. Esto hace que sienta cierta impotencia porque no supimos, por ignorancia claro, entender lo que estaba pasando, porque si lo hubiera comprendido quizás habría podido ayudar antes y habrían sido las cosas diferentes, o al menos eso creo.

Si no conociste a mi padre, pero has vivido alguna experiencia similar, también les agradecería, que compartas esas experiencias para que puedan ayudar a detectar estas patologías y quizás llegar a tiempo para tratarlas adecuadamente.

La música y el arte en la vida de las personas puede marcar la diferencia entre vivir tu vida o morir tu vida.

Te recomiendo escuchar la canción "A partir de mañana" de Alberto cortez y que hagas tuyas esas palabras para decidir que hacer a partir de mañana con tu vida.

Capítulo 9. **Primera y segunda muerte**

En este capítulo hablaremos de algunas emociones mal llamadas negativas. No puedo hablar de una sola emoción porque realmente cuando me pasó esto me invadían diferentes estados de ánimo.

Simplemente considero que es cuestión de diferentes tipos de vibración. Igual que pasa con la música, la gente según su estado emite vibraciones bajas o altas. A modo de ejemplo, la música como sabrás, realmente son vibraciones a diferentes frecuencias y generalmente están conectadas con un estado emocional, así una melodía con frecuencias bajas y ritmo lento corresponde a un estado de energía bajo y transmite tristeza, melancolía, etc. Por el contrario frecuencias mas altas y ritmos mas rápidos invitan a un estado de mayor excitación o alta energía como alegría o euforia. Cuando esas notas negativas entre comillas, están armonizadas con otras basadas en otra vibración como es el amor, se produce algo increíble, en algo sublime y maravilloso. Hay gente con una sensibilidad tal que si escucha una composición musical desconocida, es capaz de explicar un estado emocional que le transmite la misma. Lamentablemente también hay sordos emocionalmente hablando a este respecto, pero eso es otro tema para tratar ampliamente pero no aquí.

He tardado en abordar este capítulo porque no me he sentido preparado para hablar de los últimos días de mi padre en este mundo hasta que el 20 de mayo de 2019 tristemente falleció, por segunda vez. Digo esto porque yo sentí que había muerto algunos años antes de forma lenta hasta diluirse la persona que yo conocí de toda la vida. Ya comenté algunos detalles sobre esto en el capítulo anterior. Esta forma de morir es una de las más crueles, por el proceso según avanza la enfermedad y porque si la muerte es horrible, peor es cuando ocurre dos veces.

Te quiero contar como en un día tan importante para mí, pues fue el día que me quedé huérfano, la música me ayudó a transitar por estas emociones como ya dije mal llamadas negativas. No creo que sean negativas, pues se que hay un secreto para que no lo sean o al menos se disminuya su magnitud si pudiéramos medirlas, que explico a continuación.

Para el 13 de mayo, llamé a mi madre para decirle que como siempre que podía, viajaría para su aniversario y me llevaría mi guitarra y así llevarles gallo como se dice en México refiriéndose a llevar serenata.

Para entonces yo vivía a mas de 500 km de distancia y al contarle que iba a cantarles algunos boleros como siempre nos gusta hacer, especialmente en esta ocasión ya eran 53 años juntos, mi madre me dijo "hijo no hagas un viaje tan largo porque no nos encontramos bien, no estamos bien de salud y no estamos de ánimo para esto, si quieres lo dejamos para un poquito más adelante". Me quede preocupado pero algo me decía que de todas formas tenía que ir, así que decidí hacer el viaje. Cuando llegue a verles me encontré con la situación descrita por mi madre y la doctora me dijo que mi padre tenía una posible neumonía como ya habría pasado en otras ocasiones y estaban planteando enviarle al hospital para hacer pruebas por si necesitaba estar ingresado unos días.

Como mi madre estaba enferma y yo estaba allí decidimos que me quedaría con el en el hospital. Ahí me vi con mi pequeña maleta y mi guitarra y mi padre siendo trasladado en ambulancia al hospital que correspondía.

Ya en el hospital empezó a complicarse la situación. Inicialmente en urgencias decían que era una neumonía pero habría que hacer pruebas y si se confirmaba habría que aplicar antibióticos para lo que habría que ingresarle y que sería cuestión de unos días como en otras ocasiones dos o tres días quizá 4 y otra vez para la residencia. Efectivamente a las primeras horas de espera en urgencias hicieron el ingreso y me instalé allí en su habitación, con mi maleta y mi guitarra, a su lado para estar pendiente de su evolución.

Y que podía hacer encerrado en una habitación de hospital, que afortunadamente era grande y con un sofá cama pudiendo estar solos los dos. En el hospital con mi padre a solas tantas horas había muchas ocasiones de hablar o simplemente callar y observar, viajar mentalmente salvo las interrupciones del personal sanitario entrando y saliendo, viendo la saturación de oxígeno, medicación, etcétera.

De esas muchas horas, algunas te pones a hacer algo como leer mientras él está durmiendo o descansando, pero también hay ratos de calidad y en los que puedes hacer algo para aliviar algo su sufrimiento. Una de las cosas que pensé que sería buena idea y algún día llevaré a cabo fue que en el techo, que es lo que más ven los enfermos, debería haber alguna imagen de una paya paradisiaca o algún paisaje que les haga evadirse. Sabiendo que a mi padre le gustaba tanto la música especialmente la mexicana, pues amaba México, pensé que quizás sería buena idea cantar algo con mi guitarra para el en exclusiva, lo he hecho para tanta gente, que era lo natural para mi y a mi me valía tanto el escenario como mi espectador, especialmente.

Me decidí a preguntar al personal y a la dirección del hospital y me dijeron que de hecho había una asociación llamada **música en vena** que colaboraba con el hospital, con músicos profesionales especialmente en las unidades de niños para tocar música y hacer un poco más llevadero el sufrimiento, el dolor y el aburrimiento de un hospital, etc.

Así que tras recibir el permiso verbal me puse a ello para ayudarle a evadir la mente convencido de que sería una forma de curar o aliviar el sufrimiento.

Podríamos hablar mucho sobre la labor de estas asociaciones que recomiendo definitivamente, no solo para hospitales. Debería formar parte de las terapias para niños y ancianos especialmente aunque soy un convencido de lo universal de los beneficios de la música para todo ser humano que tenga un mínimo de sensibilidad artística.

Pues ahí estábamos encerrados en una habitación con una guitarra dos personas amantes de la música y de México y su cultura lo que hacía inevitable que automáticamente ocurriera. Empecé tocando en voz baja cuando vi que estaba despierto para ver como le iba afectando a mi padre, comprobando que de tener la vista fija al techo empezaba a girar la cabeza hacia donde estaba yo, poniendo atención cada vez en periodos más largos y descansando más tiempo entre los periodos de vigilia.

En las siguientes sesiones cortas, aprovechando que no tenía puesta la mascara de oxígeno y estaba mas relajado cada dos o tres canciones le preguntaba si estaba cansado y quería que siguiera a lo que respondía asintiendo con la cabeza. En otras ocasiones con voz débil me respondía con un si bajito.

Cuando no estaba seguro, en otras ocasiones le pregunté, quieres que siga o lo dejamos para otro momento y me decía "sí sí sígue".

Como tenía el permiso verbal correspondiente de la dirección del hospital y ya estaba seguro de que estaba de humor para escuchar, me sentí libre de tocar obviamente a horas que no fueran molestia para nadie ni para él tampoco, transitando por los diferentes tipos de música, rancheras, corridos boleros y temas que a mi padre le gustaban mucho y sabía que le recordaban algún momento que habíamos protagonizado. Hacíamos paradas entre canción y canción para recordar anécdotas, algunas de ellas graciosas y notaba que se lograba abstraer del estado en que estaba para poner atención en lo que estábamos recordando.

Ayudar a una persona enferma a pasar por un trance de enfermedad con lo que eso implica, preocupación, dolor, vulnerabilidad, y tantos pensamientos y sentimientos contradictorios, debería ser algo a considerar como parte de la terapia por los beneficios añadidos, ayudando a la recuperación en muchos casos o haciendo mas soportable el desenlace fatal.

Antes mencioné la asociación que hacía esto en el hospital donde estaba mi padre ingresado, pero solo en la unidad de cuidados infantiles. El nombre es **MUSICA EN VENA** y su presidenta Virginia, una gran persona que ojalá tenga el apoyo para extender esta labor a mas hospitales y pacientes y me gustaría hacer un llamamiento a todos los músicos y artistas del mundo. Se puede hacer de los hospitales un sitio muchísimo mejor y posiblemente hacer que la gente esté menos tiempo en tratamiento o por lo menos hacer más llevadero tanto a ellos como las familias la estancia. Todo artista ttiene un poder muy grande y una responsabilidad al alcance que puede hacer sin duda más significativa su vida, lo que nunca logra la fama ni el éxito, dejando a muchos vacíos No hay más que leer biografías de muchos artistas infelices, refugiados en las drogas, el alcohol y otras adicciones sin lograr encontrar lo que buscan.

Volviendo a los mini conciertos en la habitación del hospital, imagina la escena, no era un monólogo. Una canción seguía a otra y si una traía un recuerdo parábamos para hablar de ello y yo notaba como el miraba hacia el techo, como si estuviera recordando todas aquellas cosas, aquellas vivencias y pensé, esto puede ser muy bueno para el porque estar concentrado en la situación, en el dolor, en la realidad del presente tiene que ser una tortura para cualquier enfermo, mirarse tumbado en la cama mirando solo el techo y pensando qué hago aquí o preguntándose y saldré o no saldré de esta.

Entre canciones y experiencias o anécdotas viajando a esos momentos, recuerdos divertidos y felices, otros no tanto pero con otro contenido o enseñanza, recorrimos situaciones según venían a la mente. El era un español, un gachupín como decían a veces allá algunos en tono despectivo y otros bromeando por su acento y habla más ruda, comparada con la forma de hablar del mexicano, pero a la vez con muchas expresiones mexicanas que hacían su forma de hablar muy peculiar. Recuerdo mucho cuando decía para muchas cosas "Ah chingao" o como exageración usaba la comparación por ejemplo, "esto pica como demonio" cuando probaba un picante. Amaba México y su gente, familia y amigos, así fue la vida que yo recuerdo en México. No es idealizar recordando solo buenos momentos, también sufrimiento pues como podrás imaginar, cuando alguien emigra deja muchas cosas atrás, familia, amigos, en definitiva una vida para comenzar otra. Esto hace que sea inevitable experimentar temores, inquietudes, inseguridad y tantas cosas que podríamos tener para un libro dedicado a eso, pero también podemos reflexionar en lo valiente que hay que ser para tomar una decisión así y más con tres hijos, dos adolescentes y un niño. Cada vez que recuerdo a mi padre en aquellos primeros meses cuando llegamos a México, tengo que hacer un esfuerzo para que no se llenen los ojos, de lágrimas de orgullo, admiración y por supuesto amor al reconocer siendo yo ahora padre y en una situación y edad similar, lo que significaría ese cambio para él.

Doy gracias a Dios por haberme permitido tener la oportunidad de expresarle todas estas cosas que pienso y siento acerca de él, precisamente allí, en aquel cuarto frío, poco familiar, haciendo que por momentos eso no importara realmente, ni siquiera la situación triste y dolorosa. Estoy plenamente convencido de que él necesitaba oír eso y yo decirlo. Como si de una montaña rusa se tratara, los recuerdos iban y venían, llevándonos por el repaso de toda una vida por la alegría y la euforia haciéndome llorar de risa, a la tristeza y la melancolía, a la admiración y la gratitud, al amor y el agrado. Diferentes sentimientos generados por un pensamiento o recuerdo que ha despertado o ha sido llamado a la superficie cerebral gracias a la música como si de un toque de trompeta se tratara como el del mariachi que irrumpe en una fiesta atrayendo la atención de todos.

Esta era una fiesta privada, nuestra fiesta, a la que a la vez estaba mucha gente invitada que llegaba y se iba a la vez que nuestros sentimientos para dejar paso a otras. Era increíble como una parte racional, nuestro pensamiento, mediante el recuerdo, daba paso a una emoción que se expresaba mediante su efecto fisiológico y esta combinación de las dos cosas producía el sentimiento que duraba tanto como el pensamiento permaneciera atento a ese recuerdo.

A medida que escribo esto, no puedo evitar este mismo efecto en mi. Aunque el recuerdo de mi padre en el hospital me da tristeza, porque le echo de menos, también me provoca una sensación de orgullo, de sentirme honrado por haber podido contarle todo lo que pensaba y sentía antes de que me dejara. Un padre a mi lado todo el tiempo, con el que he trabajado muchos años, he discutido mucho pero también he tenido muchos experiencias que solo sabemos él y yo. Habíamos dedicado muchas horas de nuestras vidas, conociendo nuestros errores y aciertos, sin tener que hablar siquiera de ellos, solo con mirarnos ya sabíamos lo que pensaba el otro pero de manera cómplice. Fue la enfermedad la que me arrebató todo eso, pero lo supe tarde y lloro por eso, de impotencia por no haber podido hacer más, de rabia por ignorante, de tristeza por culparle y de amor, orgullo y admiración porque es lo que me queda al final cuando pienso en él. El punto que he puesto al final de esta frase no refleja para nada el tiempo que me ha costado volver a sentarme a escribir. He tenido que parar.

Ya estoy de vuelta. Como contaba, imaginar la escena cantando un tema de mariachi y sin buscarlo conscientemente ese tema como un regalo sorpresa salía de su envoltorio y nos traía un presente recordando algún momento guardado esperando por años a salir de su envoltorio.

A modo de ejemplo, te relato uno de ellos. Nos gustaba mucho ir al restaurante Arroyo donde se comían platos típicos mexicanos, con sus carnitas como su especialidad y como sello característico sus mariachis amenizando la comida entre los comensales. Cada vez que recuerdo aquello me apetece repetir las mismas sensaciones y no solo por el sitio, no solo por el ambiente sino por las compañías que teníamos, familia y amigos muy queridos.

La última vez que estuvimos en aquel restaurante fue poco antes de volver a España, a modo de despedida. Recuerdo que estaba de pié esperando a que nos sirvieran las carnitas para llevar a la mesa y mi querido amigo Lalo (Eduardo Giaccardi) estaba a mi lado. Por un momento que me pareció muy largo por la cantidad de cosas que llegué a pensar y sentir, me quedé clavado, inmóvil, mirando fijamente al mariachi cantando entre las mesas pero como si mi mente estuviera grabando una escena para el recuerdo y pensando por primera vez conscientemente, cuanto iba a echar de menos eso, a México, a mi familia y mis amigos, porque en unos días, regresábamos a España. Yo no era consciente de la expresión que tenía en mi rostro pero debía ser tan evidente que Lalo tuvo que devolverme al presente de un golpe con la mano abierta en la cabeza. " Oralee, vuelve" me dijo.

Cuando le contaba esto a mi padre, yo veía que echaba los ojos hacia arriba como en señal de que estaba recordando aquellas cosas, su propia versión de ese mismo momento y que seguro nos traía las mismas sensaciones agradables aunque impregnadas de melancolía. Después de contarle mi experiencia personal terminada en pescozón y risa, venía otra canción. Esta vez tocaba cantar mexico lindo y querido. Era una situación muy extraña para alguien ajeno a la cultura, pero muy natural para cualquiera que haya vivido en ese maravilloso país, pues la letra en una parte dice " México lindo y querido, si muero lejos de ti, que digan que estoy dormido y que me traigan a ti..." Aunque la canción hablaba de la muerte, fue una forma muy natural de aceptar un hecho y de saber qué deseaba hacer en caso de fallecer.

Sé perfectamente que él en su mente estaba viajando mediante los recuerdos y todas esas emociones estaban ahí para curar el alma, para hacer más llevadero el momento y para lograr una conexión con su centro de las emociones, su fuente de paz y su conexión con su parte espiritual. Ya el mismo día que falleció, cuando empecé a notar que se iba complicando la situación y los doctores me decían con muchísimo tacto, porque veían que yo no estaba aceptando lo que iba a pasar, pues todavía tenía la esperanza de que se recuperara como en otras ocasiones anteriores y poder disfrutar más años a mi padre pues tenía 81 años que no era tampoco demasiados, tuvimos nuestra última sesión de música, mi último concierto y el más corto y difícil de toda mi vida.

Tenia que escoger una canción que resumiera todo lo que quería decirle para que se quedara tranquilo y en paz, y yo también pues no sabía si tendría ya otra oportunidad para ello.

La canción que me vino sin pensar fue " Mi querido, mi viejo mi amigo" de Roberto Carlos.

Cómo se pueden decir o cantar estas palabras delante de una persona que sabes que está agonizando, que es cuestión de tiempo, poco tiempo, quizás solo horas, pero con una consciencia intacta, escuchando perfectamente pues le preguntaba si me entendía, a lo que respondía que si moviendo un poquito la cabeza. Estábamos transitando por el trance de la muerte.

Me alivia mucho haber estado allí acompañándole, porque afrontar el paso de la muerte de esa forma yo creo que a mi padre le ayudo a entender que su vida había tenido sentido. Lo que le dije fue: "puedes estar tranquilo, has sido un buen hombre, eres un buen padre, eres un buen marido eres un buen amigo de tus amigos. También has sido un buen hijo y un buen abuelo y tantas cosas que te puedo decir así que puedes estar tranquilo de que lo has hecho bien, como sabías hacerlo, no es la mejor ni la peor forma de hacer las cosas, es como tu creías o sabias que debías hacerlo. Eres una referencia en mi vida, te admiro y te respeto y sé que te voy a echar de menos. Esta es la opinión de tu hijo, tu propio hijo que te sigue queriendo y te seguirá queriendo siempre".. No eran mentiras piadosas para hacerle sentir bien, era la pura verdad basada en lo que yo había vivido, aciertos y errores en su vida, pero el balance era positivo.

Pudimos hacer balance de una vida al repasar tantos recuerdos, con la conclusión de que los errores estaban cubiertos de sobra y por mucho por los aciertos. Me sentía y siento orgulloso y pude hacerle una promesa para mi muy importante basada en mi Fe. Personalmente en mi lectura de la Biblia he aprendido una cosa y es que cuando una persona ha muerto deja de respirar, deja de pensar y deja de sentir, por lo tanto se acabó el sufrimiento, no existe un infierno de tormento como enseñan mentes retorcidas, pero está la esperanza para las personas que han muerto, la resurrección, en otras palabras, volver a vivir. Como cuando una persona sufre un paro cardiorespiratorio y la resucitan, esa es la palabra y su significado. Estaba en muerte técnica, ha muerto pero vuelve a vivir. Después de mucho investigar es lo que mas lógico me parece, lo que más sentido tiene, volver a vivir y aquí en la tierra pero convertida en un paraíso sin corrupción. Las cosas malvadas que estamos descubriendo en nuestro tiempo que van a peor como si de una competencia se tratara, pero eso es un tema para hablar largo y tendido con mucho gusto con quien lo desee. El caso es que tuve la ocasión de decir a mi padre, " papá, sabes que yo creo profundamente en esto, es lo que más sentido tiene, tú has buscado las respuestas a estas preguntas de otras formas, te escuchaba hablar cuando era pequeño con los amigos y familiares de la reencarnación y decías que para ti no tenía sentido que llegara la muerte y ahí acabara todo, pero lo que he aprendido en la Biblia es que cuando habla acerca de la muerte también habla de la esperanza de la resurrección. Dice que nos volveremos a ver. Que la muerte es un estado de inconsciencia como el sueño, sin sufrimiento ni pensamiento, como un cerrar y abrir de ojos y espero estar ahí cuando los abras para volver a vernos y cumplir mi promesa si Jehová me lo permite". Así es como se lo dije mirándole a los ojos de cerca y en voz baja.

Era imposible decirle todo esto sin lágrimas en los ojos, como podrás imaginar, pero era el momento de hacerlo y fue en ese preciso momento cuando me pareció sentir que mi padre dejó de luchar, como si su voz interior le hubiera dicho, "bueno ya me puedo ir, no tiene sentido prolongar esta agonía, este es un paso que tengo que dar". Recuerdo que después de esto pasaron los médicos en su visita temprano en la mañana, para ver su estado y ya fuera de la habitación uno de ellos me dijo con mucho tacto y con un tono calmado, " tu padre esta muy mal, deberías llamar a la familia". Esa misma mañana falleció.

Este es el capítulo que más me ha costado redactar, porque como imaginarás es algo muy íntimo y aun me afecta. He contado también como lo afronté y en lo que creo y como me ha ayudado a gestionar las emociones, con lo que quizá estés de acuerdo en algunas cosas y en otras no, pero seguro que coincidimos en que todo el mundo necesita alguna ayuda para aliviar el dolor y deseo que de alguna forma sirva lo que he contado, porque nadie escapa a una situación de estas. Siempre hay un familiar o un amigo, o nosotros mismos que sufre el dolor por la muerte a nuestro alrededor, pero cuando se trata de alguien que te dio la vida y quién ha luchado toda su vida por darte lo mejor que ha podido, por cuidarte, guiarte y tantas cosas terminadas en arte, o sea tu padre desde niño, la sensación de pérdida es muy fuerte y con una madre o cuando es un hijo es aun mas desgarrador.

No subestimemos el poder de la música para ayudar a pasar por estos momentos tan duros, porque el dolor está ahí, pero hay que intentar cambiarlo por algo positivo, el secreto está en armonizar con amor, con algo sincero, con algo positivo, entonces se tornan las cosas de otra forma, el proceso de duelo se hace mas soportable y poco a poco la duración del dolor se espacia en el tiempo y modera su intensidad. Hay una enseñanza en todo esto y es que hay que buscar la forma de cambiar el dolor inicial por un sentimiento de paz, algo asentado en nuestra mente y el corazón, que es lo que me ocurre con mi padre, gracias a que me pude despedir y pude ayudar a pasar a su siguiente estado y preparar el reencuentro o alimentar la esperanza.

Aun me golpea a traición sin yo quererlo, algún recuerdo que viene a mi mente de alguna escena un momento que me recuerda que ya no está aquí conmigo, pero he aprendido a convivir con ello y en vez de dejar que permanezca la tristeza trato de recordar algo agradable y bonito que me ayude a honrar su memoria y no olvidarle aunque la vida continué.

Esta fue mi despedida particular, algo entre el y yo pero en el siguiente capítulo contaré la despedida colectiva con la familia, fue un duelo realmente muy bonito donde una vez mas la música nos ayudó a mí y a mi familia.

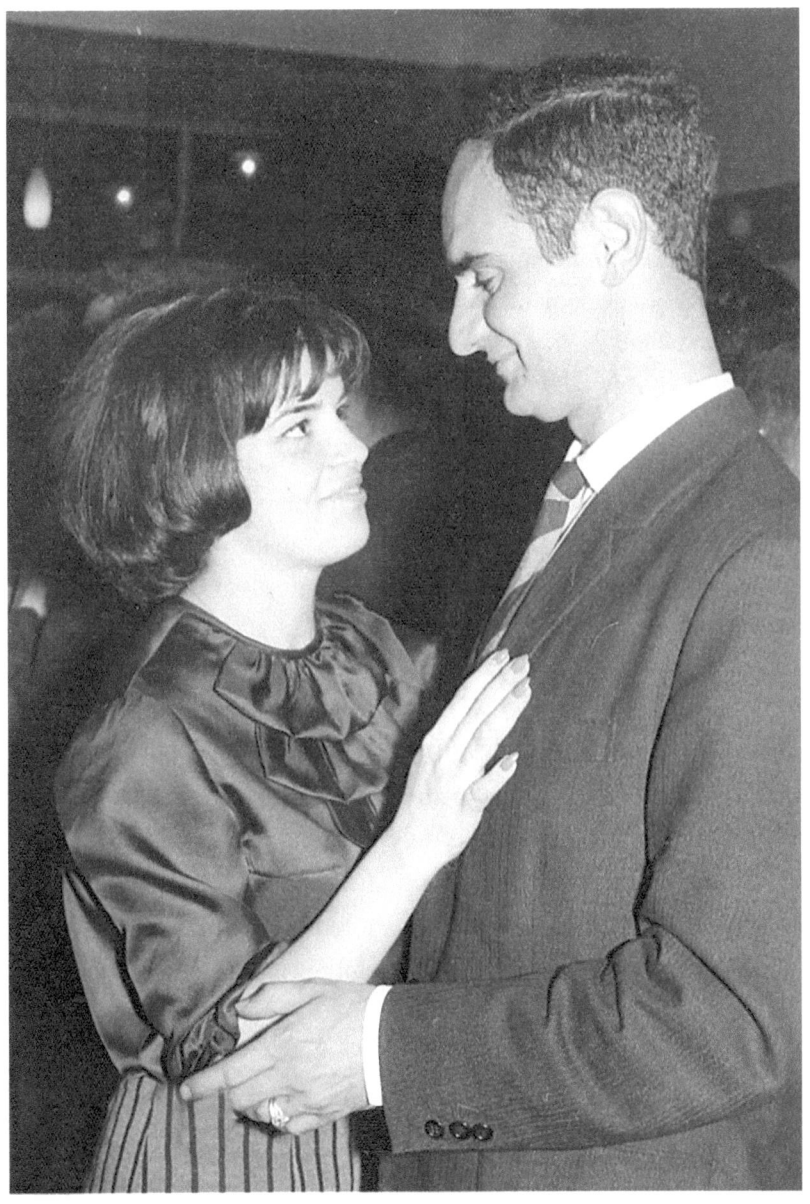

Capítulo 10. **La despedida**

En el capítulo anterior conté como la música nos ayudó a mi padre y a mi para prepararnos para el trance de la muerte permitiéndonos repasar momentos de nuestras vidas en común y decirnos las cosas que necesitábamos. Como si estuviéramos en el bar de una estación o en un aeropuerto despidiéndonos, diciéndonos las cosas de última hora que no queremos que se queden sin decir, recordaba en mi mente una canción de Dyango que no escuchaba hacía más de 25 años y por alguna razón volvía a mi mente una y otra vez. Mi mente funciona normalmente así, como si escogiera en cada situación que estoy viviendo una canción que suena en mi interior como si mi vida fuera un musical de Broadway. A veces pienso que estoy un poco loco, pero bendita locura, me repito a mi mismo, no hace daño a nadie y a mi mucho bien.

Volviendo a la canción de Dyango, parte de la letra, para que se entienda por qué mi mente me ponía esta canción en su rocola, dice así, " Gente que se dice adiós, un gesto de dolor en la sonrisa y lágrimas furtivas de emoción mal contenidas. Gente que se dice adiós, que tristes suelen ser las despedidas, hoy que nos despedimos tu y yo que sea deprisa..."

Te pongo un link al final del capítulo por si quieres escuchar la canción de este maestro de las emociones.

La despedida en vida se produjo como he contado en el anterior capítulo y quedaba despedirse colectivamente entre familia y amigos en un intento de aceptar lo que no querríamos que pasara nunca pero así es el proceso de duelo. La aceptación es un paso importante para seguir adelante con nuestras vidas, con las cicatrices que tardan en cerrar y que cuando lo hacen quedan como una señal para siempre, que nos recuerdan su causa.

Su deseo era reducir su cuerpo a cenizas y repartirlas en España y México y así hicimos, al menos en parte pues falta llevar la parte de sus cenizas que conservo a México.

Tras una ceremonia sencilla recordando lo que esperamos que ocurra en el futuro según hemos leído en la lectura de la Biblia y compartimos parte de la familia, especialmente mi madre, pues el resto de mis esfuerzos iban dirigidos a aliviar el dolor de ella y nuestra familia y amigos ya que no podía hacer nada mas por mi padre salvo honrar su memoria.

No podía dejar de pensar que si esto dolía así, como sería el dolor de mi madre tras toda una vida juntos, queriéndose tanto durante mas de 53 años de casados. Se me rompía el corazón solo de pensar que mi madre debía sentir que había sido seccionada por la mitad de manera cruel. Así que ahí estábamos tratando de aliviar su dolor con la única fuente de consuelo a mi alcance, el apoyo con todo el amor que podía y la fe que paliaba su dolor.

No se ni como pude recuperar una foto antigua de mis padres bailando abrazados, mirándose el uno al otro, como una de las mas bonitas muestras de ternura y amor que puede transmitir una fotografía y que resume toda una vida de la que yo he sido testigo.

Sin apenas tiempo para otra cosa, mas que descansar un poco para recuperar algo de energía, logré retocar con un profesional e imprimir en un cartel grande la fotografía para ponerla en la capilla donde dijimos unas palabras mi hermano y yo en nombre de la familia, antes de convertir lo que quedaba de mi padre en cenizas.

Cuando mi madre vió por primera vez el cartel con la fotografía de los dos, rompió a llorar y me dió las gracias porque le paso por la cabeza toda su vida con él y de alguna forma le ayudo a solapar sobre la emoción de la tristeza muchas otras que aliviaron su dolor con recuerdos de amor, felicidad, admiración y tantas cosas en común entre ellos dos que así quedarán para siempre, en la profundidad de su memoria para sacarlos a su antojo cuando se necesiten.

Aun lo tiene a la vista para seguir mitigando el dolor con el sedante mas potente que puede existir en nuestro cerebro. No se quien hizo aquella fotografía, pero estaré siempre agradecido por aquél gesto que supuso para el tan solo un click con su cámara, pero a la vez requería el talento de saber captar una historia, un recuerdo que permanecería vivo tantos años. Esto demuestra lo importante que es el arte para el ser humano, lo imprescindibles que son los artistas y como se debería valorar lo que hacen, aunque esto no siempre ocurra.

Cuando mi madre se recuperó un poco pudimos organizar la primera parte de la última voluntad de mi padre, echar parte de las cenizas en el mar mediterráneo. Mi hermano y mi madre se trasladaron a Almenaría donde resido actualmente y en representación de la familia en México tuvimos el gusto te que nos acompañara mi querida prima Cristiane, ya os hablé de ella en otro capítulo, mi querida baby. Jamás tendré palabras para explicar lo que significó para mi contar con ella en uno de los momentos más difíciles de mi vida. También me conmueve el gesto de mi querido amigo Rafa que es todo un marqués, y que ofreció su velero para también gobernar la nave que nos llevaría hasta el lugar de despedida que cerraría un poco más la herida en nuestro corazón. A media mañana teníamos un cielo despejado que se reflejaba en el mar en calma con una brisa suave como si quisiera acariciarnos dándonos la tranquilidad que necesitábamos para un acto íntimo y solemne como el que nos ocupaba.

Ya mar adentro saque mi guitarra y acompañado de mi prima que canta precioso y con mucho sentimiento, recorrimos el folclore mexicano que tanto le gustaba a mi padre y que tantos recuerdos nos traía a la memoria, hablamos de anécdotas con él y en vez de enfocarnos en el dolor, logramos grabar en nuestra memoria ese triste momento como un recuerdo que también tenia cosas buenas, impregnado de amor, alegría y tantas sensaciones agradables que endulzaban la amargura de la medicina que teníamos que tomar para seguir cerrando la herida, la despedida.

Quizás parezca muy original esta forma de despedir a un ser querido, pero en México es muy usual que en el entierro de una persona llegue un mariachi para cantar delante de todos los invitados y del familiar difunto las canciones que le gustaban y que previamente les han dicho la familia y amigos que canten al difunto en su honor. Es una forma de aceptar la muerte respetando la solemnidad del momento y el dolor de los presentes.

Para mis hijos, especialmente para Lara con sus 3 años, fue una buena forma de gestionar una situación triste como esta. Aun asocia la muerte de su abuelo a este recuerdo. Era muy pequeñita para entender muchas cosas pero de forma natural ella vio que estábamos tristes por haber perdido a su abuelo pero la forma de despedirnos fue cálida y agradable pudiendo hablar de ello con naturalidad. Tambien vió como aceptar que la vida continúa, y seguir adelante pues tenemos una esperanza para el futuro y además que hay que recordar las cosas buenas de los demás, para mantenerlos vivos en nuestra memoria, así cuando hablamos de su abuelo este episodio es tan solo un momento mas que recuerda además de los que le mostramos en fotos y le contamos para que tenga sus propias memorias sobre él.

Llegó el momento de despedirse de él y reduciendo la velocidad poniéndonos estribor al sol, su nieto nos leyó un pasaje de la Biblia hablando acerca de la esperanza que ofrece para los seres queridos que sufren entre otras cosas por una pérdida como esta, "Ap 21:3 Luego oí una voz fuerte que salía del trono y decía"¡Mira! La tienda de Dios está con la humanidad. Él residirá con ellos y ellos serán su pueblo. Dios mismo estará con ellos. 4 Y les secará toda lágrima de sus ojos, y la muerte ya no existirá, ni habrá más tristeza ni llanto ni dolor. Las cosas anteriores han desaparecido".

Recogimos un puñado de sus cenizas cada uno con la mano para echarlo con viento a favor produciéndose un efecto que nos pareció algo hermoso. Allí una parte de él se alejaba brillando con los reflejos del sol como si estuviera diciendo adiós.

Fue algo muy bello que recuerdo como si fuera un cuadro pintado por un gran artista y en ese instante es cuando mi madre de estar serena pasó a abrazarme y rompiendo a llorar con desconsuelo dijo "no quiero, no quiero, no quiero..", estaba negando lo que no queremos aceptar naturalmente, para a continuación ir aceptando poco a poco lo que había pasado. Es como si una parte de nuestra mente no se creyera lo que estaba viviendo y otra le estuviera recordando que era verdad, que había pasado, se había ido. En ese momento comprendí que una de las fases del duelo es esto precisamente, aceptar lo que había ocurrido. Intelectualmente comprendía lo ocurrido, pero mi yo interno no era consciente. Estaba como en modo automático. Si, mi mente sabía perfectamente lo que estaba pasando, pero mi alma y mi corazón no, no era capaz de aceptarlo, estaba en shock y fue cuando reconocí ese hecho, la negación de mi mente a aceptar la realidad, cuando pude empezar a cerrar lentamente la herida.

Es algo que nos pasa muy a menudo, cuando nos ocurre algo que implica un cambio importante en nuestra vida, tendemos a no aceptarlo, y hasta que no lo hagamos, no estaremos preparados para seguir adelante.

Después de esto retornamos nuevamente a nuestras canciones comenzando con una canción que Juan Gabriel compuso cuando falleció su madre., " Amor eterno ", que nos permitió llorar pero expresando lo que sentíamos mediante la letra de esta hermosa canción rebosante de expresiones de amor. Entre otras cosas su letra dice cosas como " como quisiera ay, que tu vivieras, que tus ojitos jamas se hubieran cerrado nunca y estar mirándolos. Amor eterno e inolvidable, tarde o temprano estaré contigo para seguir amándonos..."

Al poner rumbo al puerto estábamos realmente más concentrados en acariciarnos el alma con la música, recordando mas cosas que mi padre decía y anécdotas de cuando vivíamos en México teniendo los recuerdos bonitos acerca del pasado y con la visión de los diferentes protagonistas que estábamos ahí presentes dando testimonio de ello.

Aunque fue muy íntimo, eramos pocas personas las que estábamos allí, me invadió una sensación de arropo cuando me abrazó mi prima, sentí como si estuvieran abrazándome uno a uno mi familia y amigos de México. Iban pasando uno a uno por mi mente a la vez que escuchaba las palabras tan cariñosas que me dedico Baby. Que importante fue recibir tanto cariño en un momento así y comprobar que puede viajar a mucha distancia. Eramos pocos pero allí estaban todos, amigos y familia que siento conectados a mi ser.

Esta canción, " Amor eterno", la grabé en mi casa donde tengo un mini estudio, para tener un recuerdo para todos y por supuesto la compartí con mi familia porque refleja muy bien lo que pasaba por mi mente y los sentimientos que me inundaban. Os comparto un enlace también para que podáis escuchar la grabación si gustáis, esperando que os sirva tanto como a mi si fuera preciso.

Capítulo 11. **Lecciones de vida**

Me gustaría terminar este libro dejando una reflexión que te podrá servir como a mi me ha servido. El proceso de duelo también funciona en otras ocasiones en la vida, no sólo para un situación como cuando un ser querido ha muerto. Hay muchas situaciones en la vida que para nosotros producen un shock, como una ruptura sentimental, o un cambio importante en la vida que no hemos escogido, algo impuesto. Nuestra mente tiende a no aceptarlo, porque no hemos decidido ese cambio, pero cuanto antes logremos aceptarlo, antes podremos empezar la recuperación para seguir adelante con nuestras vidas. Aceptar los hechos y reconocer los errores es muy importante para extraer una lección de vida que nos hace mejores personas. No me gustaría que se mal interpretara esto que digo desde mi humilde experiencia, he dicho errores y no culpa por una razón de mucho peso, que es muy importante tener clara. Cuando ocurre algo doloroso en nuestra vida tendemos a culparnos por ello salvo que suframos una psicopatía. Todos cometemos errores pues somos humanos, pero la culpa es un veneno que nos corroe por dentro especialmente cuando la estamos asumiendo como nuestra, cuando pertenece a otro u otros.

Lo importante es detectar los errores, que son muchos y constantes, corregirlos para no repetirlos y seguir avanzando. La culpa en cambio si aparece hay que distinguir primero si nuestra mente nos esta jugando una mala pasada, quizás porque otros que si son culpables nos están cargando con ese peso. Sea que seamos culpables totalmente, parcialmente o inocentes pero sintiéndonos culpables, debemos hacer todo lo posible para buscar el perdón de otros y nosotros mismos. No hay nada como una conciencia tranquila. Para ello hay que reconocer el problema y aceptar lo ocurrido. Hablar de ello con un buen amigo ayuda mucho en cualquier situación, pero si se hace cantando, mucho mejor. Seguro que encuentras una cancion que refleje perfectamente la situación y como te sientes. Si recuerda, al principio del libro contaba como se concibe la vida en México a través de la musica. Cómo una persona acompañada de un buen amigo o en grupo puede sacar todas esas emociones que producen cualquier situación para curarlas y seguir adelante. He visto a dos chicas jóvenes cantar canciones de desamor y despecho, desahogándose con el mariachi y después de soltarlo todo marcharse a gusto, el problema seguía existiendo, pero gestionar las emociones de esa manera es como expulsar todo lo que nos hace daño cuando estamos intoxicados, no estás bien del todo pero justo ahí empieza tu recuperación. Tienes que cuidarte, mimarte, y no dejar para mas adelante el comienzo del proceso para curar tus heridas.

Haz este ejercicio en cualquier situación, te recomiendo buscar una canción que hable del tema y cántalo a solas o mejor con alguien de confianza que te quiera y te entienda, una persona empática capaz de llorar o reír contigo. Eso es un verdadero amigo. Hay que hacer como dice siempre mi amigo Beto Gomez, gran guitarrista y mejor persona, " tomémonos un estabilizador emocional..." refiriéndose a un tequila. ¡Pero sin pasarse ehh!. Prepara el ambiente, una comida rica, tu pastel favorito, el entorno adecuado y que no falte la música. Sacude tu vergüenza y canta fuerte lo que expresa tu estado de ánimo actual, pero también alguna canción que exprese el estado en que quieres estar. Si repites esa letra y esa canción o canciones que más conectan emocionalmente con tu mente, con tu hemisferio derecho, tu yo presente, sin pensar en mañana, sólo aquí y ahora, puede ayudarte a dar el siguiente paso, primero el reconocimiento del problema, después la aceptación y por fin un pensamiento positivo para seguir adelante. Preguntate,¿Que tengo que hacer para seguir adelante?¿ me siento culpable? Y contéstate ¡Vamos a arreglarlo! Empezarás por descubrir que no hay razón para sentirse culpable o si la hay sabrás qué hacer para que desaparezca el veneno. Echar todo afuera y comenzar la recuperación, sino acabaríamos sufriendo una enfermedad emocional, mental y física que nos arrastrará y condicionará para todo en nuestras vidas.

Uno no puede estar anclado en el pasado o en el problema. A veces nuestra mente y corazón están en conflicto porque nuestra mente es consciente de lo que está viendo, de lo que está pasando y lo procesa (nuestro hemisferio izquierdo), pero si no hay una conexión con lo que sentimos (nuestro hemisferio derecho), o sea nuestro ser espiritual conectado con el universo, con otros seres que nos rodean, y se niega a aceptar lo que está pasando, no seremos capaces de movernos hacia adelante, es como si nuestra vida se hubiera puesto en pausa. Esto pasa mucho en psicología y a veces por eso hay gente que necesita terapia y regresar al pasado, concentrarse en cosas que están bloqueadas. La música realmente ayuda a desbloquear esos sentimientos, es como un conducto que permite que fluyan esos sentimientos que se deberían expresar pero están reprimidos. Todos hemos visto la imagen de un diván y un psicólogo que está escuchando, solo escuchando, analizando lo que hace el paciente, lo que dice, lo que miente, lo que oculta y tratando de averiguar lo que quiere decir aunque está hablando y hablando y hablando. Sinceramente creo que un psicólogo aprendería mas del paciente si le escuchara cantando en un ambiente relajado sin sentirse observado, desahogándose a voz en cuello. Cuantas veces nuestro psicólogo ha sido ese amigo querido, incondicional, que entiende perfectamente cómo somos, que pensamos y como nos sentimos. En definitiva, sea cual sea nuestra situación, no subestimemos el poder de la música y el arte en nuestra vida sin olvidar que la música y el arte es para compartir, somos seres sociales y lo que nos hace realmente humanos es eso. Aislarnos ante situaciones difíciles y dolorosas es la peor decisión que podemos tomar. Así que te invito a que hagas un viaje por las emociones cada vez que lo necesites. Viaja al pasado, recoge lo que vayas a necesitar para el futuro, pero dale al botón de pausa en el presente un rato, para recordarte que eres un ser único, que tienes la fortuna de tener a alguien a quien le importas a tu lado y que mereces ser feliz.

Si te sientes culpable, que sea por no haber usado tu poder para ser feliz, el poder de la música y de tu mente.

Y si quieres que cantemos juntos, aquí estoy si me necesitas. Espero haberte ayudado con este libro y poder seguir ayudándote cuando lo necesites con mis canciones, mis experiencias, mis mejores deseos y quien sabe si con mas libros abordando más emociones, si confirmo que he sido de ayuda con lo que he contado aquí, en alguna etapa de tu vida.

Canta, exprésate, siente…..vive.

Enlaces de Interés

Esta es mi página web www.joebriz.com donde encontrarás mis vídeos y grabaciones, además de información sobre mis conciertos en directo, conciertos grabados y sesiones en vivo por internet donde podremos conocernos y podrás pedirme que te dedique a ti o a alguien más, alguna de mis canciones si mandas un mensaje antes de la conexión.

También encontrarás datos de contacto para contrataciones e información sobre fechas de conferencias, seminarios y talleres por si quieres asistir a alguno de ellos de manera presencial o por internet.

https://www.facebook.com/mariachimojacar

https://www.youtube.com/channel/UCnjnfw4j_6j5ZjlDnr tzdow

En mi web encontrarás algunos enlaces que son de mucha ayuda para comprender mejor cada capítulo poniendo la banda sonora de lo que cuento.

Espero que disfrutes tanto con el libro como yo lo he hecho escribiéndolo.

www.ingramcontent.com/pod-product-compliance
Lightning Source LLC
Chambersburg PA
CBHW021450210526
45463CB00002B/717